y2 62912

Paris
1834

RICHTER, JEAN PAUL

Titan

Tome 2

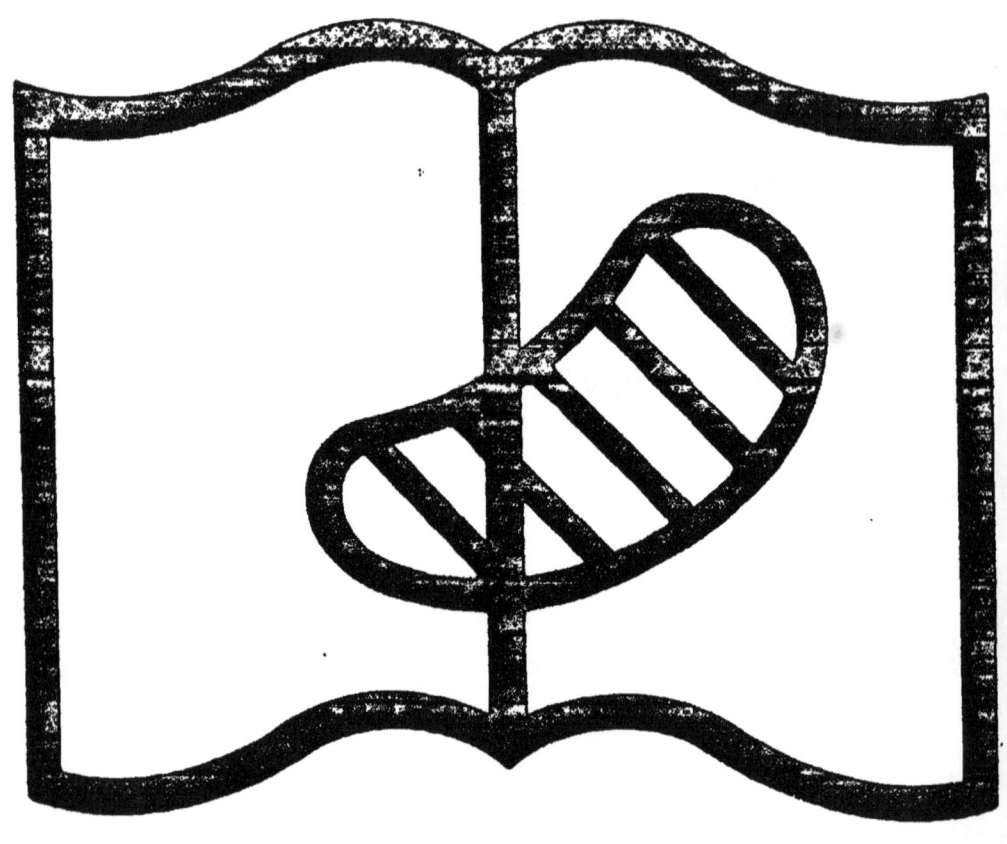

Symbole applicable
pour tout, ou partie
des documents microfilmés

Original illisible

NF Z 43-120-10

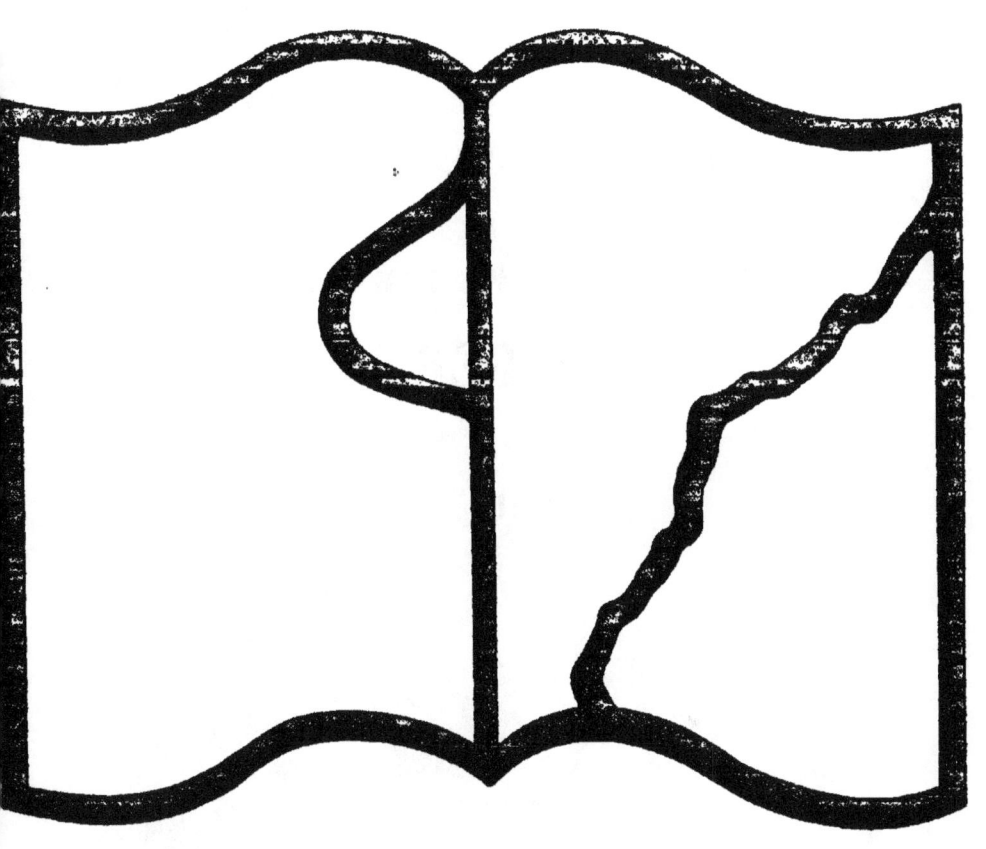

**Symbole applicable
pour tout, ou partie
des documents microfilmés**

Texte détérioré — reliure défectueuse

NF Z 43-120-11

ŒUVRES
DE
JEAN-PAUL-FRÉDÉRIC
RICHTER.

Vol. II.

PARIS. — IMPRIMERIE D'ÉVERAT
Rue du Cadran, n° 16.

ŒUVRES

DE

JEAN-PAUL
FRÉDÉRIC RICHTER,

Traduites de l'allemand,

Par Philarète Chasles.

TITAN.

TOME SECOND.

—◆—

A LA LIBRAIRIE D'ABEL LEDOUX,
95, Richelieu.

PARIS. — M DCCC XXXIV.

TITAN.

NEUVIÈME PÉRIODE DU JUBILÉ.

(SUITE.)

CYCLE XLIX.

Le beau jour qui devait voir célébrer un couronnement, une ascension et un anniversaire de naissance, venait de se lever sur Pestitz. Tout était sens dessus dessous dans la ville : les nobles de la campagne regrettaient de dépenser un aussi beau temps ailleurs qu'à la chasse des coqs de bruyère ; ceux de la ville parlaient davantage, et sans être encore poudrés, de la solennité qui se préparait ; mais ils ne s'y intéressaient que médiocrement. Le micromètre de la cour, c'est-à-dire, le grand maréchal était entouré de ses fourriers. Les courtisans, au lieu de leur demi-journée de fête ordinaire, puisqu'ils ne sont de corvée que le soir, avaient tout un jour ouvrable à employer; aussi dès le point du jour se mirent-ils à se débarbouiller. Le prédicateur du couronnement, Schoppe, à force d'avoir lu son sermon, commençait à y croire lui-même, et l'approche du moment où il devait le prononcer lui donnait une teinte d'émotion inaccoutumée. Pas moyen d'avoir un domino pour le bal, si ce n'est chez les Juifs qui en avaient fait provision. Tout à coup un homme descendit précipitamment de voiture, et courut se jeter dans les bras d'Albano : c'était le directeur de Wehrfritz. Touchante entrevue!.. Le vieillard trouva son fils d'adoption bien changé, il remarqua qu'il avait encore plus de feu qu'autrefois. Il arrivait chargé de complimens et de cadeaux de ses femmes, ainsi qu'il les appelait, à l'occasion de l'anniversaire de la naissance d'Albano.

Le bibliothécaire se rendit dans un village voisin, nommé Klosterdorf, dont le maire, selon les anciennes coutumes, devait imiter avec sa famille ce que ferait le prince avec sa cour, puis se présenter au pied du trône et y déposer l'hommage des communes de son territoire. — Passe pour cette cérémonie-là, disait Schoppe, mais l'autre me rend malade.

Le vieux directeur, encore tout pénétré du discours d'apparat qu'il devait prononcer, se prit de querelle avec Schoppe et lui dit :

— La cour et la chambre sont certainement encore ce qu'elles ont toujours été; mais les princes, mon cher monsieur, sont bons; chacun les pressure, et l'on dit qu'ils pressurent tout le monde.

— A peu près comme les vampires, interrompit Schoppe, qui donnent leur sang tandis qu'on croit qu'ils sucent celui des autres; mais j'établis une compensation en ce sens que si j'attribue aux souverains les péchés des autres, je leur attribue également les mérites, les victoires et les sacrifices de leurs sujets; ce sont des pélicans qui répandent pour leurs enfans un sang que, de loin, on peut prendre pour le leur.

Tous partirent; Schoppe, pour la campagne, Wehrfritz avec la procession pour l'église, et Albano se rendit comme spectateur dans une tribune de la salle de réception, parce qu'il ne voulait figurer à aucun titre dans la suite du prince.

Bientôt le cortége se précipita dans la salle. La noblesse, le clergé et les députés des villes entrèrent tour à tour en scène pour prêter serment. Dans la cour du palais la foule était si grande qu'il aurait été impossible de s'y baisser pour ramasser une épingle; chacun levait les yeux vers le balcon, et il y eut plus d'un individu qui jura d'une manière fort énergique, en attendant qu'il jurât d'une autre.

En face du jeune comte brillaient de tout leur éclat les dames de la cour, et parmi elles une rose et un lis : Julienne et Liane. De même qu'on détourne les yeux avec plaisir d'une contrée que l'hiver a dépouillée et blanchie, pour les lever vers de beaux nuages bleus, avant-coureurs de la saison printanière, de même Albano cessa de regarder les visages unis et glacés des courtisans pour reporter ses regards sur un être qui réunissait toutes les graces du printemps. Qu'elle lui semblait isolée, déplacée dans cette prison de parures et de dentelles!... Qu'elle lui avait paru plus belle dans les jardins de Lilar!

Les discours de félicitation commencèrent; le plus long fut celui du ministre de Froulay, le plus court celui du vieux de Wehrfritz. Ces chaleureuses allocutions passaient et repassaient sur la physionomie glacée du prince Luigi sans y opérer le moindre dégel; indifférence fort blâmable ! car les éloges du ministre et des autres valets de cour peuvent parler pour lui à la postérité, puisque Bâcon a dit qu'il n'y avait pas de louanges qui valussent celles que les valets font de leurs maîtres, parce qu'ils les connaissent mieux que les autres.

Ensuite le premier secrétaire Heiderscheid donna lecture de l'arbre généalogique du prince, et s'étendit sur les mérites de ce tronc creux, et de la dernière petite branche vert pâle qui y restait attachée... Les yeux baissés, Julienne entendit ces paroles, qu'étouffaient les vivats du peuple ; et Albano, qu'une pensée seule n'était pas assez puissante pour maîtriser, la regarda, et son imagination lui représenta un nouveau tableau de funérailles régaliennes... Il y vit un jour, c'est-à-dire bientôt, cet homme usé entraînant avec lui dans la tombe son arbre généalogique tout entier, ses armoiries effacées, et son écusson appendu à la muraille, mais renversé... L'illusion était plus forte que la réalité, et tandis que les voix confuses du peuple criaient vive le prince Luigi, Albano entendait tomber sur le casque de ce souverain les pelletées de terre qu'on jetait sur son cercueil...

Ce fut le tour à la fin de ceux par lesquels on ne commence jamais, quoique ce soient les seuls qui agissent de bonne foi dans ces sortes de cérémonies. Heiderscheid parut sur le balcon, et invita le peuple à allonger les quatre doigts et le pouce, et à répéter après lui le serment d'allégeance... Cette multitude, toujours sous le charme, fit retentir l'air de cris de joie... On lisait dans ses yeux abusés la certitude d'un meilleur gouvernement, et de l'amour pour un inconnu. Césara, que la vue d'une foule semblable électrisait, tandisqu'elle assombrissait le bibliothécaire, brûlait d'amour pour ses semblables et du désir des grandes choses ; il vit dans les rois des dieux planant au-dessus de leurs peuples pour les secourir et les protéger ; il vit les campagnes et les villes florissant sous une paternelle administration... Il se figura, s'il était prince, combien de millions d'étincelles électriques il ferait jaillir de la pointe de son sceptre pour enflammer les cœurs de ses sujets, les plus près comme les plus éloignés, tandis que, maintenant, les rares éclairs qui en sortaient n'échauffaient que les voisins immédiats du trône. Alors il lui semblait que le sien était une haute montagne d'Orient, qui verse sur les terres qui l'environnent des fleuves navigables et non des torrens de lave, et au pied de laquelle s'élèvent de riches moissons et des chants d'allégresse. Il songeait jusqu'à quelle distance immense il rendrait visible la lumière placée en si haut lieu; semblable à la lune qui n'intercepte point les rayons du soleil, mais qui les réfléchit et illumine par-là les ténèbres de la nuit; puis il pensait qu'au lieu de se borner à défendre la liberté, il en créerait et en élèverait une, et qu'il serait un monarque enfin et non un autocrate [1]. — Mais hélas! s'écria-t-il mentalement, pourquoi n'ai-je pas un trône?

—

Le soir il revêtit un masque pour la première fois; il avait choisi un costume de templier; sa tournure et la nature de ses sentimens lui interdisaient un déguisement comique. Il y avait quelque chose de solennel dans l'adoption de ce costume, espèce de linceul d'un ordre éteint et assassiné. Après s'être fait de nouveau indiquer les détours du Tartare et le

---

[1] Il existe étymologiquement une grande différence entre ces deux mots que l'on confond souvent.

lieu de la sépulture du cœur du vieux prince, de crainte de s'égarer pendant la nuit, il partit à dix heures pour la Redoute, et des pensées d'amour, d'amitié, d'avenir, l'accompagnaient... Comme son cœur battait vite!...

CYCLE L.

Albano entra pour la première fois de sa vie dans le monde de marionnettes de la Redoute; ce fut à ses yeux comme un bal ouvert dans le royaume des morts. Ces figures noires, ces masques troués, ces yeux qui brillent derrière comme autant d'escarboucles, ce mélange et cette parodie de tous les rangs, ce tumulte de la danse, et sa solitude sous le masque, jetaient dans son cœur tout un monde de pensées shakspeariennes... Il lui sembla qu'il était dans une île enchantée, au milieu de génies et de transformations. Ah! pensa-t-il, c'est là l'échafaud où le frère de ma Liane a voulu déchirer sa jeune vie comme un voile de deuil... Et il regardait autour de lui, comme s'il se fût attendu à voir une seconde fois Roquairol attenter à ses jours.

Il ne vit point de masques sous lesquels il pût deviner sa figure. Cette nombreuse famille de bouchers, de coureurs, de turcs, d'arlequins, ne pouvait cacher son ami. Il parcourut ainsi silencieusement et solitaire les quadrilles où l'on dansait l'anglaise, et plus de dix yeux de femme cherchèrent à pénétrer la feuille de cire qui cachait ses traits, et suivirent dans la foule le panache de son casque.

Enfin une dame masquée s'approcha de lui à grands pas et assez lourdement, et lui prit la main comme pour l'inviter à danser avec elle. Il se trouva fort embarrassé pour répondre à une agression aussi familière ; car la valeur s'unit fort bien à la galanterie, de même que les lames de Damas conservent après être trempées un parfum délicieux ; mais la dame, tout en lui demandant son nom, traça sur la paume de sa main les deux initiales D. C., et, lorsqu'il eut répondu oui à cette nouvelle manière d'interroger, elle lui dit à voix basse :

— Ne me reconnaissez-vous pas !... je suis votre maître en beaux-arts, de Falterle. Albano, quoique mécontent du costume de son ex-professeur, éprouva une vive satisfaction en trouvant dans cette foule un compagnon de son enfance. Il se hâta de lui demander quel costume portait le colonel Roquairol; Falterle l'assura qu'il n'était pas encore arrivé.

Voici parmi les nouveaux venus un gros personnage convexe devant et convexe derrière ; de son dos il tire des confitures qu'il offre aux dames; de son ventre, des saucisses qu'il présente aux hommes. Mais Hafenreffer prétend que l'invention de ce déguisement remonte à un grand bal de cour donné à Vienne. Vint ensuite une société composée de cartes à jouer qui, dans un ballet préparé d'avance, se mêlèrent, se coupèrent et se jouèrent comme si elles eussent été de carton. Augusti parut ensuite, mais couvert seulement d'un domino, et, ce qui surprit beaucoup Césara, il devint bientôt l'étoile polaire des danseurs et le tourbillon cartésien qui les entraîna tous.

Quel horrible pain noir, quel pain de mendians mangent ces gens-là! pensa Albano, auquel, toute la journée, ses songes, ces colombes de Jupiter, avaient fourni du pain céleste. Que leur feu est pâle et sans chaleur ! c'est une existence tout entière ensevelie dans la fente d'un glacier... Lui croyait que tous les hommes, ces créatures compassées et méthodiques, devaient penser, parler agir comme lui.

Puis arriva un boiteux portant devant lui une grande boîte vitrée; il n'était pas difficile de reconnaître le bibliothécaire, qui, soit qu'il n'eût pas pu trouver de domino, soit qu'il passât une fantaisie, avait loué chez le costumier-mortuaire un grand morceau d'étoffe noire dans laquelle il s'était enveloppé, et sur laquelle il avait posé depuis l'épaule jusqu'au tibia, des masques de toute espèce. Il attendit la ritournelle d'une anglaise, dont l'air était justement le même que celui noté sur son cylindre, et, à la surprise générale, on vit dans la boîte de petits masques danser en mesure avec les grands; le jeu de ces marionnettes était délicieux. Schoppe avait ajouté quelques perfectionnemens au mécanisme ; on voyait dans l'intérieur de petits muets qui agitaient de petites sonnettes; un enfant déjà grand qui remuait le berceau d'une toute petite poupée qui jouait avec une poupée encore plus petite : le bibliothécaire avait eu l'intention de prouver qu'il était possible à l'art d'approcher de la nature.

Il alla plus loin. Dans son armoire vitrée on voyait une banque de Pharaon, et à côté un petit homme qui faisait la silhouette du banquier masqué ; cette silhouette ressemblait, à ne pouvoir s'y tromper, au chevalier de Bouverot ; Schoppe porta ce tableau mouvant dans le salon de jeu, où un homme masqué tenait la banque... c'était bien certainement... Céfisio... devait le voir et l'entendre. Le banquier le regarda long-temps avec étonnement ; un masque vêtu de noir et la figure couverte d'une cire qui représentait le visage d'un mort, en fit autant. Albano, qui avait suivi Schoppe, s'approcha vivement de ce masque lugubre, persuadé que ce ne pouvait être que Roquairol, car il avait sa taille et ses yeux de faucon. Le masque pâle perdait beaucoup, et doublait sa perte à chaque coup ; il buvait abondamment, à l'aide d'un chalumeau, des flots de vin de Champagne. Le lecteur se mêla au groupe, et le bibliothécaire recommença à faire marcher sa machine... le visage pâle avait les yeux constamment fixés sur ceux d'Albano. Schoppe ôta son masque devant Bouverot, mais sous ce premier il y en avait un second, sous le second un troisième ; enfin ce ne fut qu'après en avoir enlevé cinq, qu'il parut sous ses traits naturels, encore étaient-ils recouverts d'une feuille d'or légère, qui leur donnait une expression toute satanique ; il regarda ainsi quelque temps Céfisio en silence et en souriant avec méchanceté.

Le masque pâle tressaillit lui-même, et se hâta de se réfugier au milieu des danseurs. Ce mouvement violent confirma encore davantage les soupçons de Césara.

Maintenant plus d'un doigt traçait dans sa main les initiales D. C., et, chaque fois, distrait par ses pensées, il répondait oui machinalement. Le temps l'enveloppait de drames multiples ; partout il était comme entre les rideaux d'un théâtre. Il s'approcha d'une croisée ouverte, pour voir si la lune éclairerait bientôt sa promenade nocturne ; il aperçut sur le marché une lourde voiture qui conduisait à sa dernière demeure un noble de la ville, au milieu d'une haie de torches... et le garde de nuit continua à crier l'heure qui précède celle des esprits, l'heure d'une naissance bien chère pour nous, celle de notre Albano, comme si les sons de sa voix avaient dû percer les planches qui séparaient le mort des vivans. Quelle vue pour Césara, que cette mort soufflant de son haleine empestée sur toutes les joies de la vie, et ne laissant qu'un hiver où elle a trouvé un printemps! Et quelle manière imprévue de lui rappeler le souvenir de sa jeune sœur, dont la voix doit lui parler cette nuit dans le Tartare!

Et lorsque Schoppe, qui s'approchait de lui, toujours porteur de sa boîte, et à qui il montrait le convoi qui passait, lui eut répondu : — *Bon!* l'ami trépas est là sur sa charrette qui regarde de notre côté, comme pour nous dire : — *Bon!* amusez-vous, dansez, j'ai une voiture de retour, en revenant je vous prendrai... Combien son cœur se trouvait cruellement serré, comme son masque lui semblait lourd!

Dans ce moment plusieurs masques, et entre autres le pâle, se dirigèrent vers la fenêtre qu'Albano occupait; il avait levé son masque afin de jouir de la fraîcheur du soir; et, soit l'effet d'un peu de vin qu'il venait de boire, soit exaltation dans ses idées, il crut voir au loin l'univers brûlant à sa surface. Le masque pâle le regardait d'un œil incertain, mais sombre, sans qu'Albano pût deviner si c'était un regard d'amour ou un regard de haine... Il ne put résister plus long-temps à cette fascination : Onze heures étaient sonnées depuis long-temps, il s'éloigna du masque pâle et prit le chemin du Cœur-sans-poitrine.

CYCLE LI.

Pendant qu'Albano attendait à la porte qu'on lui rendît son épée, une foule de masques aussi dépourvus d'ame que les objets inanimés qu'ils représentaient ; qui une botte, qui un balai, qui une tête à perruque ; passèrent à côté de lui, s'étonnant à la vue de ce chevalier au pâle costume. Il prit son épée, mais non son valet : son caractère ne s'alliait pas avec la peur, et, quelque surnaturelle que dût être l'entrevue à laquelle il était appelé, il aurait mieux aimé se laisser assassiner que d'avoir à rougir devant son père.

Comme ton esprit se leva, semblable à l'éclair qui frappe à la voûte du ciel, lorsque la nuit, cette reine modeste, apparut devant toi avec sa paleur de sainte et sa couronne d'étoiles, noble et aventureux Albano! On n'a point peur sous le ciel, on n'a peur que sous la terre. Au lieu des papillons et des gouttes de rosée qu'il avait rencontrés le dimanche sur le chemin de l'Élysée, des ombres fantastiques le précédaient et jetaient devant lui leurs découpures noirâtres. Dans le lointain, de blafardes lueurs allaient et venaient à travers le feuillage, c'étaient les torches du char mortuaire qui passaient sur la roue. Lorsqu'il fut arrivé à l'endroit où le chemin se bifurquait, il se retourna pour admirer ce paysage si animé, si féerique qui s'était déroulé à ses yeux lorsqu'il franchit pour la première fois le pont merveilleux; tout y était sombre, tout y était muet : seulement un colossal oiseau de proie voltigeait au-dessus de sa tête, comme un farouche messager de quelque puissance infernale.

Du vieux château il passa dans un verger, d'où les arbres avaient été sciés comme pour en faire un cimetière d'arbres; puis dans une pâle forêt remplie de mats dépouillés de leur écorce, qui tous agitaient du côté de l'Elysée leurs rubans fanés et leurs drapeaux décolorés... pépinière desséchée de tant de jours de fête. Quelques moulins à vent étendaient au milieu d'eux leurs bras de colosse qui saisissent toujours et qui lâchent toujours.

Albano descendit vivement un escalier et se trouva sur un vieux champ de bataille, désert ténébreux qu'entourait une muraille noire, dont la monotone uniformité n'était interrompue que par quelques têtes de plâtre superposées à la terre et qui semblaient ou le commencement d'un corps qui sort du tombeau, ou la fin d'un corps qui y descend. Au milieu s'élevait une tour sur laquelle se dessinaient de fausses portes et de fausses croisées, une horloge solitaire s'y parlait à elle-même, et cherchait par l'action continuelle de son balancier à diviser toujours les flots du temps, qui se réunissaient toujours... Onze heures trois quarts y sonnèrent, et jusque dans l'épaisseur de la forêt l'écho répéta le temps qui s'envole aux hommes qui s'enfuient... La route tournait sans fin autour de cette affreuse muraille sans porte; mais Albano savait qu'il trouverait une entrée quand il serait arrivé à un endroit où la terre tremblerait sous ses pieds.

Enfin il arriva à une pierre mouvante; aussitôt qu'il l'eut touchée, un fragment du mur s'écroula, et il aperçut devant lui une épaisse forêt où il ne restait plus que les souches des arbres, qui se mariaient aux buissons sauvages et auxquelles les rayons vacillans de la lune semblaient donner du mouvement. Lorsqu'il se retourna pour entrer par cette brèche, il vit derrière lui, au haut du sombre escalier qu'il venait de descendre, une tête blanchie, véritable buste symbolique du meurtre... elle descendait sans corps les degrés, et les morts à son approche parurent se réveiller et courir après elle... La main glacée de la peur se posa sur le cœur de Césara... il s'arrêta... la tête de mort s'arrêta également, et demeura immobile sur la dernière marche de l'escalier.

Tout à coup son cœur respira plus à l'aise, il tourna le dos à cette horrible apparition, il s'avança vers l'étrange forêt, son épée nue à la main, car il promenait une vie au milieu de tous ces morts armés. Il suivit dans les ténèbres projetées par la haute tour un sentier toujours mouvant, qui semblait le conduire près d'un ruisseau dont il entendait le murmure. Par malheur il se retourna derechef... La tête du cadavre était encore derrière lui, mais elle avait trouvé un corps, et il l'aperçut s'agitant sur les épaules d'un géant... Il avait pour habitude de marcher toujours les yeux fermés au-devant d'un objet de terreur ; il retourna sur ses pas, et, saisissant d'une main forte la porte de l'escalier, il cria : — Qui est là ?... mais personne ne répondit à sa voix, seulement une seconde tête vint se placer à côté de la première... Alors son effroi ne connut plus de frein et sa main glacée abandonna la serrure qu'elle avait assez fortement étreinte en s'y cramponnant, pour y laisser des marques de sang...

Il courut au milieu du taillis entrelacé, aucun obstacle ne pouvait arrêter ni même ralentir sa fuite; enfin il se trouva dans un vaste jardin, et la lune l'éclairait... Lorsqu'il eût revu ce beau ciel, ces étoiles du Nord... L'étoile polaire, les Ourses, le Dragon, le Chariot et Cassiopée, qui lui semblaient les ames d'esprits supérieurs qui le regardaient et l'encourageaient... Il s'écria, rendu à lui même, — Eh ! ne suis-je pas aussi une émanation de là-haut, au milieu de toutes ces autres émanations ? Et le courage de l'immortalité se réveilla dans sa poitrine.

Mais quel singulier jardin! De petites et de grandes couches de romarin, de rue et de plants d'ifs se l'étaient partagé... Un cercle de tristes bouleaux les entourait, comme autant d'invités à des funérailles; au-dessous du jardin murmurait le ruisseau profondément encaissé. Dans le milieu s'élevait un autel de blanche couleur, au pied duquel un homme était étendu et dormait.

Ses vêtemens grossiers et le sac d'outils qu'il avait à côté de lui, rassurèrent complétement Albano; il s'approcha de lui, et lut sur l'autel cette inscription en lettres d'or : « Accepte mon » dernier sacrifice, ô Tout-Puissant!... » C'était là que le cœur du vieux prince devait être brûlé, et l'autel était destiné à en recevoir les cendres.

A la suite des scènes horribles auxquelles il avait assisté, Césara éprouva un moment de bonheur bien naturel en retrouvant des paroles d'homme, un sommeil d'homme et le souvenir de Dieu!... Ses yeux se mouillèrent de larmes bien douces... Il contemplait cet imposant spectacle, lorsque retentit à son oreille cette même voix de sa sœur, qui déjà lui avait parlé dans l'Isola-Bella : « Je te donne Linda » de Romeiro! » dit-elle... — O mon Dieu!... s'écria Albano, et il se retourna et ne vit rien... Il s'appuya sur un des bouts de l'autel... mais la même voix répéta : « Je te donne Linda de » Romeiro »... Soudain il lui vint la pensée que c'était la tête de mort qui murmurait ces mots;... tout son effroi revint... et il appela au secours fortement le dormeur, qui ne se réveillait pas... Enfin, lorsque pour la troisième fois la voix mystérieuse eut répété les mêmes mots, il remua avec plus de violence encore l'homme étendu au pied de l'autel...

— Quoi? répondit-il en étendant les bras : J'y vais!.. que voulez-vous? Et la peur le saisit à son tour en apercevant devant lui un chevalier, l'épée nue à la main... Il tomba à genoux, et s'écria : — Je vais tout vous donner!..

— Césara! Césara!.. criait une voix dans la forêt : Césara, où es-tu?.. Et, chose effrayante, il crut entendre le son de sa propre voix qui l'appelait... Il eut pourtant la force de crier : A l'autel! Une grande figure noire, tenant un masque blanc à la main, était là, dans le clair de lune, debout devant la pointe de son épée... Albano reconnut bien vite le frère de Liane, après lequel il avait tant soupiré. Il jeta son épée au loin, et lui ouvrit les bras... Mais Roquairol était là immobile et muet ; et son œil flamboyant semblait vouloir percer à travers ceux de Césara...—Charles, m'as-tu donc cherché?.. demanda le jeune homme d'une voix émue. Roquairol fit avec la tête un signe affirmatif... Puis des larmes roulèrent dans ses yeux, et il tendit les bras à Albano. Ce fut alors qu'il sentit pour la première fois tout un océan d'amour déborder dans son cœur... Et, serrant de toutes ses forces dans ses bras un ami si impatiemment attendu, il s'écria à plusieurs reprises : — Oh ! maintenant nous sommes unis, unis pour jamais, qui serait assez fort pour nous séparer?.. Et il l'étreignait toujours plus fortement, comme s'il eût enlacé la colonne de son avenir... Et il donnait enfin un libre cours à ces larmes précieuses qu'il avait si long-temps tenues enfermées dans son cœur. Roquairol ne le pressait qu'en tremblant et ne l'étreignait que d'un bras; puis il lui dit lentement : « Je suis un mourant, et c'est là ma figure » (montrant le masque pâle); mais j'ai mon Albano, je mourrai près de lui. »

Ils s'embrassèrent de nouveau... Toute la séve d'une vie d'amour circula dans leurs veines... Le sol, sous lequel coulait la rivière bruyante, tremblait par moment sous leurs pieds... Mais le ciel étoilé était là sur leurs têtes, immense bouclier contre les attaques de la vie... D'ailleurs ils étaient deux maintenant!..

O vous, hommes heureux!..

CYCLE LII.

Il y a des hommes qui naissent noués l'un à l'autre : leur première rencontre n'en est jamais qu'une seconde, et, lorsqu'ils se trouvent, ils s'apportent l'un à l'autre non-seulement un avenir, mais encore un passé; ce fut de celui-ci que s'entretinrent les deux nouveaux amis. Albano ayant demandé à Roquairol comment il était arrivé jusqu'à lui, celui-ci lui répondit avec feu : « Je
» ne t'ai point quitté de la soirée : je t'ai
» vu à la fenêtre du bal, contemplant le
» convoi funèbre qui passait, et, touché de
» l'émotion profonde qu'on lisait sur tes
» traits, je fus sur le point de te serrer sur
» mon coeur en présence de la foule assem-
» blée... Je t'ai suivi dans ta promenade noc-

» turne, et, lorsque tu as crié, qui est-là?
» j'ai ôté mon masque... »

Combien cette explication si simple fit rougir Albano de ses fantastiques terreurs!.. Il reconnut dans son ami ce géant à une tête et dans le masque la seconde tête de mort.

Roquairol lui demanda quel désespoir ou quelle ivresse des sens l'avait conduit à minuit dans ce cimetière des frères Moraves pour s'y promener, et où il avait envoyé un homme avec son épée? Albano ignorait que des frères Moraves reposassent là, et, dans le saisissement que lui avait fait éprouver l'arrivée de Roquairol, il ne s'était pas aperçu que le dormeur, sans doute pour se garantir de l'épée nue, l'avait emportée avec lui. Il répondit :

Ma sœur, qui n'est plus, désirait me parler au pied de l'autel, elle m'y a parlé. Sa bouche se refusa à en avouer davantage. Roquairol changea de visage, et demanda des explications, et pendant qu'Albano les lui donnait, il regardait dans la nue comme pour y chercher de nouvelles apparitions, puis il s'écria : « Morte, morte !... Parle encore une fois ! » Mais il n'y eut que le murmure sourd du ruisseau souterrain qui lui répondit.

Et il se jeta devant l'autel en criant : « Ou-

» vre-toi, royaume des esprits, que mon
» œil puisse y plonger... Je ne vous crains
» pas, intelligences diaphanes, lorsque vous
» m'apparaîtrez je deviendrai comme vous, et
» j'apparaîtrai à mon tour!.. »

— Arrête, grand Dieu, arrête!... s'écria Albano, tremblant tout à la fois d'effroi de Dieu et d'amour [1] ; car un hasard, un oiseau de nuit qui passerait sur leurs têtes, ne pouvaient-ils pas les faire tomber morts de frayeur? Mais un sujet de terreur se manifesta réellement à eux : ils aperçurent à travers le rideau de bouleaux une figure de vieillard, blanche et majestueuse, qui se promenait... Toutefois Roquairol, agité d'une fièvre délirante due aux flots de vin qu'il avait aspirés, ou à la surexcitation de son ame, cria au vieillard, en lui présentant son masque cadavéreux :

— Prends ce visage, si tu n'en as pas, vieil

---

[1] Il faut s'habituer dans cet ouvrage à voir souvent le mot amour figurer comme synonyme d'amitié; d'ailleurs il est employé par *Jean Paul* toujours dans un sens intellectuel et exalté, et nous n'avons pu nous permettre de lui substituer un équivalent qui ne peint ni en français ni en allemand la flamme sacrée dont brûle le cœur d'Albano. De plus, puisqu'on dit amour filial, amour fraternel, nous ne voyons pas pourquoi on ne dirait pas également : amour d'ami.
(*Note du traducteur.*)

homme, et regarde-moi à travers... Albano lui appuya la main vivement sur la bouche, et la figure blanche courba la tête et se perdit dans le feuillage. La tour ronde du champ de bataille sonna l'heure, et les environs la répétèrent après elle.

— O viens sur mon cœur, ame troublée! s'écria le jeune comte... faut-il que je t'aie conquis précisément au jour et à l'heure de ma naissance!...

Ce cri opéra un changement dans les idées caméléonniènes du frère de Liane; il leva vers son ami des yeux mouillés de larmes, et il lui dit:

— Me voilà près de toi jusqu'à l'heure de ta mort!... Oh! ne t'étonne pas ainsi de moi, homme immuable, parce que je chancelle et que j'ai l'air brisé... Sous les vagues de la vie l'homme se roule et se rompt comme le bâton qu'on voit dans l'eau, mais le moi reste pourtant droit et entier comme le bâton qui n'avait changé qu'en apparence. Je te suivrai dans les autres parties du Tartare; mais raconte-moi ton histoire?..

Raconter cette histoire n'était-ce pas briser

les portes d'un sanctuaire, ouvrir un vieux cercueil en face du soleil? Eh.bien! vous croyez peut-être qu'Albano hésita, qu'il réfléchit une seule minute?.. oh! non, vous n'auriez pas balancé vous-même. Nous ne croyons jamais être des amis aussi bons, aussi vrais, aussi chauds que nous le sommes réellement. Que vienne seulement le cœur droit, pur, aimant que nous avons rêvé, et nous nous donnons tout entiers à lui corps et ame, parce qu'il est sans tache à nos yeux. Albano trouvait dans cet étranger le premier homme dont le cœur avait compris le sien, dont l'œil avait deviné ses sentimens sans se détourner de lui... c'était une ame dont une de ses larmes avait fait sortir des fleurs pour son avenir, de même que dans les pays chauds les terres brûlées par le soleil se couvrent de végétation aux premières pluies qui les fécondent.

Charles le conduisit dans les célèbres catacombes du château, pendant qu'il lui racontait les scènes mystérieuses de l'Isola-Bella. Une vallée déserte et brûlée, parsemée de fosses mises à jour par le temps, brillait à la clarté de la lune; le ruisseau lugubre sortait de la forêt et allait se perdre dans le fond des catacombes en suivant un canal de pierres. A l'entrée de ces souterrains, s'apercevait comme frontispice un cadran solaire, horrible dérision dans un lieu où le temps n'était plus qu'un mot; la foudre avait enlevé du cadran le chiffre un... — C'est étonnant, s'écria Albano, il manque à cette horloge grossière le nombre un; précisément notre heure future!..

Quel aspect romanesque que celui de ces catacombes! Le long ruisseau des morts serpentait dans ce sombre asile, et, par intervalles, on apercevait ses flots brillans à la clarté que la lune jetait par des trous que le temps avait creusés dans les parois. Des animaux debout, chevaux, chiens, oiseaux, étaient placés sur le bord de l'eau, comme pour s'y désaltérer... La main du naturaliste leur avait presque conservé la vie... ailleurs des pierres tumulaires usées, sur lesquelles peu des mots des épitaphes étaient restés visibles, jointes à des membres pétrifiés, formaient le sol du plancher... Là, dans une niche exposée au jour, on lisait qu'une nonne y avait été enterrée vivante... plus loin on voyait le squelette d'un mineur qu'un éboulement avait englouti... Dans d'autres endroits des cœurs en papier noir qui avaient été placés sur la poitrine de gens morts fusillés, à côté de quelques bouquets de fleurs dus à quelques pauvres pêcheurs ; et dans un coin, un fouet, sous lequel avait succombé un homme dont la peine de mort s'était trouvée heureusement commuée en une miséricordieuse correction de verges;... de plus un buste de verre avec un point phosphorique sur l'eau, des chemises baptismales et autres bagages d'enfant, quelques marchandises de jeu et le squelette d'un nain!

Lorsque les paroles dont Roquairol, farouche habitué de ces lieux sombres, entremêlait ses explications, eurent atteint un degré d'amertume et d'ironie inaccoutumé, Albano secoua la tête, frappa du pied, et, jurant avec énergie, ce qui lui arrivait toujours quand il était fortement effrayé, ou ému, s'écria :

— Par le diable! tu écrases ma poitrine et la tienne. Ce n'est pas comme tu dis!... ne sommes-nous pas ensemble? n'ai-je pas dans ma main ta main moite et brûlante? La flamme de l'immortalité ne brûle-t-elle pas en nous? Ces ossemens ne sont que des charbons consumés, rien de plus; le feu divin qui les a décomposés, a trouvé d'autres alimens, et l'incendie continue... Oh! ajouta-t-il, les pieds dans le ruisseau, et l'œil fixé sur la lune qu'il apercevait par une des ouvertures, il y a un ciel et une immortalité!.. Nous ne resterons pas dans cette sombre caverne de la vie, nous nous envolerons vers ces régions éthérées qui nous attendent!...

—Maintenant, mon enthousiaste ami, répondit Charles (dont l'ame n'était qu'un assemblage d'autres ames), je vais te conduire dans un endroit plus gai.

Ils avaient à peine fait huit pas qu'ils aperçurent une ombre rapide qui se dessinait dans l'air, et soudain une épée nue tomba devant eux; la pointe s'enfonça dans le sable du ruisseau que venait de fouler le pied d'Albano.

—Infernal démon!.. s'écria Roquairol; mais le jeune comte sentait son ame délicieusement émue en songeant à cet ange de la mort, à la main de fer, qui avait passé à côté de lui en se croisant les bras.

Ils s'embrassèrent plus tendrement que jamais, et bientôt Roquairol s'assit avec son ami sur le bord d'un sentier qui se perdait dans l'Elysée, dont ils apercevaient les cimes des peupliers que coloraient déjà les premières teintes de l'aurore.

— Raconte-moi à cette place, dit le frère de Liane, devenu plus curieux encore, depuis la chute de l'épée, raconte-moi tout ce qui t'est arrivé cette nuit.

Il lui répéta ce qu'avait dit la voix de sa sœur : — Je te donne Linda de Romeiro!... Il oublia, dans le tumulte de son esprit, que c'était pour cette même femme que, déjà une fois, Roquairol avait voulu mourir. — Linda de Romeiro! s'écria ce dernier, quoi! celle-là?... Ah! bourreau qui te joues de notre vie, farouche hasard! Pourquoi celle-là et pourquoi aujourd'hui?.. Albano, c'est pour elle que je suis allé un jour au-devant de la mort... et si mon cœur est devenu mauvais, c'est qu'elle a été perdue pour moi!.. et il appuya sa tête sur la poitrine de Césara!.. Va, prends-la, tu es digne d'elle, toi, car tu es pur... Cette forme enchanteresse qui s'est élancée des flots devant toi, c'est Linda qui, peut-être, est plus belle encore!... O Albano!...

Le noble jeune homme frémit en voyant ce nœud qui serrait sa destinée, et il dit à

Charles : — Non, non, mon ami, tu juges faussement les choses.

Soudain il sembla que des concerts harmonieux descendaient vers eux. Albano tressaillit. — Que cette musique ne t'effraie point, lui dit Roquairol, c'est le père Spener qui prie dans la vallée des Flûtes, et qui les marie à ses cantiques... Mais que disais-tu tout à l'heure ? Je juge faussement des choses, selon toi ?

— Quoi !.. (demanda machinalement le jeune comte... car il n'était plus à côté de Charles, son imagination l'avait entraîné sur ses ailes puissantes vers ce dimanche, vers cet Elysée dont il apercevait encore les hauts peupliers)... N'étaient-ce pas ces mêmes nuages roses qui glissaient sur eux ? N'étaient-ce pas ces accords mélodieux qui, alors, mouillèrent ses yeux de larmes ? Enfin n'était-il pas à côté de cet ange, de cette forme aérienne qui avait établi son temple dans son cœur, et qui devait ne le quitter jamais ?.. C'était la main de son frère qu'il tenait dans la sienne... Il touchait d'un côté à l'amour, de l'autre à l'amitié, ces deux foyers de lumière dans l'ellipse de la vie... Impétueux il serra son ami sur son cœur, et s'écria : — Devant

Dieu, je te le répète, celle que tu viens de nommer ne m'est rien et ne me sera jamais rien !..

— Mais, Albano, tu ne la connais pas, n'est-ce pas? demanda Charles d'une manière peut-être un peu trop pressante. Car le noble jeune homme était trop timide et trop ferme pour introduire le frère de sa bien-aimée dans le tabernacle de ses désirs...

— Oh! ne me mets point au supplice, répondit un peu vivement Césara; mais il ajouta avec plus de douceur : — Crois-moi, mon frère, au moins pour la première fois !..

Roquairol n'aimait pas à céder plus qu'Albano, et variant seulement le ton de sa question, il dit : — Je te crois, Albano, mais par mon salut !.. il faut qu'un cœur soit passionnément aimé et passionnément heureux pour renoncer à celui de Linda.

Eh! qu'en sait Albano?.. Il se serra en silence sur le cœur du frère de Liane, les joues couvertes de rougeur et reculant devant un aveu... et les sons mourans des flûtes de la vallée venaient toujours lui rappeler sa Liane qu'il avait vue à Lilar... Son œil se brisa, mais non son cœur, et il pleura sur le sein de son ami.

Puis ils reprirent le chemin de la maison, et leurs regards semblaient chercher à soulever le rideau qui leur cachait l'avenir. Ils se séparèrent, et en se quittant ils s'aperçurent qu'ils s'aimaient de tout leur cœur, c'est-à-dire, bien douloureusement.

Le lendemain matin on apprit que le père Spener était au lit, malade d'un saisissement que lui avait causé la vue de son ami, le prince défunt, se promenant la nuit dernière en costume de chevalier.

DIXIÈME PÉRIODE DU JUBILÉ.

SOMMAIRE.

Roquairol, avocat du diable. — La fête de l'amitié.

CYCLE LIII.

Ce ne serait pas vers les années de notre enfance, mais vers celles de notre jeunesse que nous aimerions à reporter nos pas, si celles-ci restaient aussi pures que celles-là. Elles sont en effet le jour férié de notre vie ; toutes les rues sont propres, les boutiques parées ; des tapisseries sont appendues aux maisons ; l'existence, l'art et la vertu sont à cette époque de petites divinités qui nous entourent de guirlandes de fleurs, plus tard ce sont des dieux sévères qui nous dictent leurs volontés. A cet âge heureux nous élevons à l'amitié une vaste chapelle grecque : quand vient la vieillesse nous n'avons plus pour elle qu'une étroite chapelle gothique.

La vie était maintenant, aux yeux éblouis de Césara, un océan couvert d'îles verdoyantes et de navires pavoisés ; sa poitrine tressaillait d'amitié et de jeunesse ; ces flots d'amour qui, dans l'Isola-Bella, avaient rebondi contre le cœur de son père comme sur le marbre d'une statue, il pouvait maintenant les verser dans le sein d'un ami qui le comprenait, de cet idéal de ses rêves. Charles connut bientôt tous les instans de son existence passée : le nom seul de Liane ne sortit point de ses lèvres. Albano cherchait dans l'antiquité les plus héroïques, les plus sublimes exemples d'amitié ; il les trouvait trop froids encore, car il se sentait capable de faire davantage pour son ami. Il avait maintenant deux cœurs pour jouir du bonheur ;... et vienne l'adversité, elle aura aussi deux cœurs à briser.

Lorsqu'Albano rencontra le lendemain cette tête froide d'ami, seul trésor qu'il eût rapporté de son excursion nocturne, lorsqu'il vit son front chauve, ses joues pâles, il pensa que c'était là ce suicide précoce, qui, après avoir fait un saut vers la tombe, était retombé sur le bord de sa fosse où il végétait seul comme sur une île déserte,... et il ne put s'empêcher de lui tendre la main pour le ramener dans la vie. C'est souvent une raison pour d'autres de retirer la leur; car le suicide qu'on a empêché de mourir, qui, fermement résolu, a brisé les portes de ce monde, où sans doute rien ne le retenait plus, nous revient de cette mort factice comme un hôte qui n'a plus aucune sympathie avec nous, et auquel nous ne pouvons plus nous fier, parce qu'à chaque minute nous avons à craindre qu'il ne nous échappe encore.

Mais le jeune comte de Césara ne voyait dans cette vie cahotée du capitaine que l'esprit capricieux d'un voyageur qui fait ses malles et qui les rouvre... Voici ce qui s'offrit à sa vue lorsqu'il alla visiter Roquairol. Sa chambre était à la fois pour lui son antichambre, sa loge d'acteur et sa tente d'officier. Sur la table étaient étalées en désordre des populations détruites de livres comme sur un champ de bataille. Le masque pâle de la veille reposait sur les tragédies de Schiller, et un pistolet sur le calendrier de la cour. Les rayons de la bibliothéque recélaient pêle-mêle une poignée d'épée et une savonnette ; un bâton de chocolat et un chandelier vide, un pot de pommade et un essuie-main mouillé;... le sablier de la cheminée était vide... et sur deux bois de cerf étaient accrochés deux chapeaux à plumet... Des lettres et des cartes de visite avaient été piquées aux rideaux comme autant de papillons...

N'est-il pas dans la vie un âge d'impatience et de liberté, où l'on aime tout ce qui est mouvement, pliage de tentes et vagabondage nomade ; où l'on aimerait à demeurer dans une voiture de voyage, à y écrire, à y dormir? Alors une chambre d'étudiant comme celle de Roquairol ne semble-t-elle pas l'habitation du génie, ce chaos n'indique-t-il pas une surabondance de vie? Qu'on accorde ce temps d'erreur à mon héros : il y a en lui quelque chose de noble et de vrai qui surnagera, et s'il admire il n'imitera pas.

Roquairol n'était point ce qu'il semblait à Albano. L'amitié a ses erreurs comme l'amour. Aussi, souvent, lorsque plein de cette tendresse si simple, si naïve dont brûlait le cœur encore vierge de Césara, celui-ci appuyait le duvet de ses joues sur les joues âpres et sèches du capitaine, Roquairol était tenté de lui dire, tout honteux qu'il se sentait de son hypocrisie: Albano, je ne suis point digne de toi.... Mais je le perdrai alors, pensait-il, car il savait fort bien qu'il n'en est pas des affections robustes des hommes, comme des passions éphémères des femmes qu'on ramène par des paroles.

Et cependant un jour arriva où il agit ainsi!..

Roquairol est un enfant et une victime de notre siècle. De nos jours on couvre de si bonne heure les jeunes gentilshommes des roses du plaisir, que, semblables aux habitants des îles Philippines, qui, nés au milieu des épices, n'en sentent plus l'odeur, ils ne les trouvent plus bonnes qu'à en faire des matelas comme les Sybarites; on leur fait boire du sirop de rose, on les baigne dans l'huile de rose, et bientôt, blasés de cet enivrant parfum, ils ont besoin des épines pour réveiller leur goût. Les professeurs lancent trop tôt leurs élèves dans les branches élevées de l'arbre de la science; après le miel, ils veulent des boissons douces, puis des boissons fortes, puis de la flamme; et si, comme Roquairol, leur imagination a fait de leur vie un plancher de naphte sur lequel on ne peut poser le pied sans en tirer du feu, l'incendie que les sciences ont allumé redouble d'intensité et dévore l'édifice. Pour ces brûlés de la vie il n'existe plus de nouveaux plaisirs ni de nouvelles vérités; ils n'en ont même plus d'anciens plaisirs, ni d'anciennes vérités qui soient restées pures et entières... Un avenir d'orgueil, de dégoût de l'existence, d'incrédulité et de contradiction s'ouvre devant eux, heureux encore quand les ailes de l'imagination tirent un coin de leur linceul.

Pauvre jeune homme!... Tu fis plus encore; en outre des vérités tu as encore escompté le sentiment. Tu as traversé ces champs féconds de la nature, de l'amour et de l'amitié, sans en rien rapporter avec toi!

Son malheureux amour pour Linda de Romeiro, qui, né plus tard, aurait peut-être retrempé son moral, ouvrit trop tôt les veines de son cœur qui, à son début, reçut le baptême du sang.... Il chercha des distractions de toute espèce : tantôt de piquantes aventures, tantôt de sales orgies : il sacrifia à ses passions des trésors de nobles pensées et d'énergie puissante, imitant en cela les habitans de Surinam qui nourrissent leurs pourceaux avec des ananas...

Malheur à l'ame de femme qui se laisse prendre dans ces vastes réseaux qui s'élèvent jusqu'à mi-chemin du ciel !... heureuse cent fois lorsqu'elle a pu s'échapper de cette toile en ne salissant que ses ailes d'abeille !... Mais cette imagination exaltée, ces trésors d'amour, cette souplesse et cette force d'homme enveloppent chaque ame de femme d'une multitude de fils, dont elle ne peut plus se dégager si elle n'a pas brisé les premiers qu'on a tissus autour d'elle. O jeunes filles, que ma voix ne peut-elle vous avertir, et vous garder de ces condors qui s'envolent en vous tenant dans leurs serres ! Le ciel de nos jours fourmille de ces sortes d'aigles : ils ne vous aiment pas, mais ils croient vous aimer, parce que, comme les élus de Mahomet, au lieu des bras de l'amour qu'ils ont perdus, ils ont encore les ailes de l'imagination. Ils ressemblent aux grands fleuves, chauds sur les bords et froids au milieu.

Tantôt enthousiaste, tantôt libertin en amour, il voltigea entre l'éther et la boue, puis enfin il les mêla tous deux. Ses fleurs croissaient le long de la tige vernie de l'arbre de son idéal, mais les racines en étaient pourries dans la terre. Souvent il se plongeait exprès dans le désordre et dans la fange, afin de rendre son repentir plus vif et sa rechute moins facile.

Tel était l'état de son ame lorsqu'elle rencontra celle d'Albano. Cherchant l'amour avec fureur, mais seulement pour se jouer de lui, possédant un cœur faux dont les sentimens n'étaient qu'une poésie de poème et non une poésie de la vie;... incapable d'être vrai, et même d'être faux, parce que chaque vérité se changeait en illusion, et chaque illusion en vérité;... offrant et sacrifiant, avec une grande énergie de volonté, tout ce qu'estiment les hommes, parce que lui n'estimait rien;... regardant toujours du côté de son bon génie, c'est-à-dire du côté de la mort;... désespérant de ses résolutions, chancelant même dans ses erreurs : il était là, immobile au milieu du tumulte des passions, les voyant et les connaissant toutes, de même que l'hydrophobe connaît d'avance l'arrivée de ses accès et en prévient pour qu'on s'en garde.

Un seul ange était resté quand tous les autres avaient fui, c'était l'amitié. Il ne pouvait plus s'élever jusqu'aux régions sublimes de l'amour; mais il n'avait pas encore abusé de l'amitié...

D'abord il se joua menteusement de cet Albano, qui lui apparaissait comme un habitant d'un autre siècle : il continua à le tromper, à la Redoute et dans le Tartare. Il s'aperçut bientôt que, ébloui par de faux éclairs, par de faux rayons, son ami ne le voyait pas tel qu'il était, mais il aima mieux réaliser l'illusion que la perdre.

Les hommes en général, et lui en particulier, ressemblent à la source du soleil près du temple de Jupiter Ammon, qui était froide le matin, tiède à midi, chaude le soir et brûlante à minuit. Chaque époque de la journée faisait de Roquairol un homme différent, tandis que l'énergique Césara, toujours égal, se figurait qu'un grand homme était grand depuis le moment où il se levait jusqu'à celui où il se couchait, semblable à l'aigle des blasonneurs qui a toujours les ailes déployées. Aussi Charles visitait rarement son ami le matin, mais presque toujours le soir, alors que brûlaient toutes les bougies des girandoles de son esprit, qu'avait allumées la flamme du vin et des liqueurs.

Mais quelle influence n'exercent point sur

une tête ardente la magie de l'exemple, de l'admiration et de l'estime? Le magicien fut Albano.

—Ce serait honteux à moi, s'écriait souvent Roquairol en lui-même: il est si crédule, si franc, si loyal!... Oui, je tromperai le monde entier, mais jamais son ame!...

— Ces sortes d'hommes veulent se justifier de leur perfidie envers beaucoup, par leur fidélité envers un seul.

Depuis ce moment, il tint ferme à sa résolution, et Albano se livra à toute son amitié de jeune homme, sans se douter de combien peu il s'en était fallu que son cœur n'eût battu contre le cœur d'un traître!...

CYCLE LIV.

Un matin Albano alla rendre visite au capitaine, dans le candélabre duquel, pour continuer ma métaphore, brûlaient encore quelques restes des bougies de la veille. Il était devant son piano, qu'il quittait à chaque instant pour écrire à son secrétaire, d'où il retournait au piano. Ravi de joie en apercevant son ami, il courut à lui les bras ouverts ; celui-ci lui apportait les brûlantes lettres d'enfant qu'il avait autrefois confiées à Falterle, à Blumenbühl, et que l'élégant professeur n'avait eu le courage ni de jeter au feu, ni de remettre à leur destinataire. Charles, en les lisant, aurait été ému jusqu'aux larmes si ce n'avait pas été déjà fait avant l'arrivée d'Albano. Il fallut que le comte passât toute la journée avec lui.

Ce fut un beau jour pour tous deux : que de souvenirs ils évoquèrent, que de projets ils formèrent ! puis, lorsque Roquairol, avec toute sa chaleur de comédien, fit parler Shakspeare, Gœthe, Klinger, Schiller, et, donnant un corps à toutes ces créations surhumaines qui, jusque-là, avaient été une lettre morte pour Césara, montra à son ami l'humanité à travers un verre grossissant, tous les géans qui dormaient dans le cœur du jeune enthousiaste se réveillèrent ; il vit devant lui son père, ce représentant si fort et si froid de la civilisation, et son avenir qui bientôt serait son présent. L'éblouissante lumière, que reflétaient sur leur interprète les grands poètes que je viens de citer, transfigura Roquairol aux yeux de Césara ; il prit la copie pour l'original, pensant qu'il en était des acteurs comme des mineurs dont les corps s'imprègnent des métaux qu'ils travaillent. Combien de fois se répétèrent-ils : la vie est un songe ! lieu commun métaphorique à l'usage de tous les jeunes gens à l'esprit exalté, au sang brûlant. Le vieillard parle autrement, lui ! Enfin cette sombre porte de la mort que Charles montrait de loin à Albano, ne semblait à celui-ci qu'une porte vitrée, à travers laquelle il apercevait le magnifique jardin de la seconde vie.

Quand vint le soir, un laquais apporta un billet rouge au capitaine :

— C'est très-bien, répondit-il au porteur. — Il n'en sera rien, madame, dit-il en se tournant du côté de Césara : Frère, garde-toi bien des femmes mariées. Laisse-toi prendre une fois à une de leurs mouches, et elles t'enfonceront dans le cœur leurs hameçons crochus... Il y en a sept de ce genre de logés dans ma peau !...

Pauvre innocent, il prit cette gloire pour une élévation morale ; quel honneur, pensait-il, de captiver d'un seul coup l'amitié de sept femmes mariées !... Il aurait voulu être à la place de Charles. Il n'avait pas encore remarqué le revers de la médaille, et il ne savait pas que ces amies aiment, comme les Romains, à couper les ailes de la victoire, c'est-à-dire les nôtres, afin que la déesse ne vole pas plus loin.

Rien n'est beau dans un beau jour comme le soleil couchant ; le comte proposa une promenade sur la montagne. Les deux amis traversèrent les rues ; Charles s'arrêtant à tout moment, tantôt pour saluer un joli nez, tantôt une belle paire d'yeux, tantôt une onduleuse chevelure. Ils se hâtèrent d'arriver à l'allée des tilleuls, qui était décorée d'un double rang de promeneuses assises en grande toilette. Une femme de haute taille, à l'œil de feu, marchait vêtue d'une robe jaune et d'un grand châle rouge, au milieu de ce parterre de fleurs féminines ; mais elle eut l'air de faire plus d'attention au jeune comte qu'à son ami ; il était pourtant facile de voir en elle l'auteur du billet rouge.

Ils arrivèrent sur la montagne d'où l'on découvrait Blumenbühl se baignant dans des flots de pourpre...

— C'est là-bas, s'écria Charles, ton tranquille Blumenbühl, ce cimetière de tes jours d'enfance... Comme les enfans sont heureux !... Oh ! comme ils le sont !...

— Ne le sommes-nous pas, nous ? répondit Albano avec tendresse. Combien de fois, Charles, je suis allé sur des montagnes comme celle-ci, dans des soirées comme aujourd'hui, pour y tendre les bras de loin vers toi et vers l'univers !.. eh bien, vois, n'ai-je pas l'un et l'autre maintenant? Ah! vraiment, tu as tort.

Mais lui, malade des souvenirs d'un temps passé, demeura sourd à cet appel, et continua :
— Il n'y a que les chansons du berceau, ou du moins leur écho, qui puissent endormir l'ame lorsqu'elle a beaucoup pleuré.

Ils retournèrent plus lentement et plus calmes à la ville. Albano, lui, était heureux, car il n'était point le débiteur du passé, mais bien l'hôte du présent.

— Nous passerons toute la nuit chez Ratto, dit Charles, lorsqu'ils furent de retour dans la ville.

CYCLE LV.

Ils descendirent dans la cave italienne de Ratto. Le capitaine commanda un punch royal; et si, dans tout le cours de cet ouvrage il continue à boire aussi démesurément des liqueurs fortes, on ne pourra pas m'adresser le même reproche qu'à l'auteur de Grandisson, à savoir que ses héros consommaient trop de thé.

Schoppe était assis à une table, lorsque les deux amis entrèrent dans la cave. Il n'aimait point Roquairol : son œil clairvoyant et impitoyable avait découvert en lui deux défauts qui lui étaient tout-à-fait antipathiques : l'ulcère chronique de la vanité, et une passion pour la sale débauche. Il n'avait pas du reste affaire à un ingrat; le capitaine lui rendait haine pour haine. D'ordinaire, lorsqu'il le rencontrait, quelqu'ardent que fût le feu dont brûlait alors son imagination, son seul aspect l'enveloppait d'un manteau de glace. Aujourd'hui pourtant il n'en fut pas ainsi: il avait tant bu de punch royal, de cette liqueur bénigne dont deux verres suffiraient pour faire tourner les têtes de Briarée et de l'Hydre de Lerne, qu'il était disposé à parler de tout, même de dévotion.

— Par Dieu! s'écria-t-il en puisant des argumens dans l'immense bol qui figurait devant lui, puisque les projets d'amendement tournent toujours en fumée, on devrait se briser le crâne, afin que, du moins, notre ame se délivrât de ses blessures et de ses souillures!

— De ses souillures? répéta ironiquement Schoppe. Certes les atomes de noble extraction que renferme mon corps le quitteront quand il sera froid, mais les autres y resteront. Qui diable vous dit que, tout d'un coup, notre cimetière de pécheurs se changera en une invisible église de martyrs et de Socrates mâles et femelles? Les maisons de fous sont-elles donc les meilleurs endroits pour voir juste? J'ai rencontré tantôt en passant par le marché une vivante image de l'autre vie : c'était une femme qui conduisait cinq petits cochons attachés à cinq cordes différentes ; chacun d'eux la tirait dans un sens opposé aux quatre autres. Nos passions nous tirent ainsi en sens contraire.

Roquairol, qui était toujours disposé à soutenir une opinion contraire à celle qu'on manifestait devant lui, se mit à déblatérer contre l'immortalité de l'ame. Plus il parlait, plus il se passionnait pour le sujet qu'il traitait : il entassait argumens sur argumens.

Albano le regardait avec étonnement.

— Sais-tu ce que j'en pense? lui demanda Roquairol. Précisément le contraire de ce que j'en dis.

Ce mot peint l'homme.

Pendant qu'ils étaient occupés à boire, on remit de nouveau à Roquairol un billet rouge. Il rattacha sa cravate, car il était resté assis le cou nu, à la Hamlet, et il dit à Albano qu'il reviendrait bientôt. Lorsqu'il fut sur le seuil de la porte, il hésita et fut sur le point de rester; mais, dominé par une émotion violente, il monta vivement l'escalier et disparut.

Il fut bientôt de retour; mais ses yeux étaient animés; son cœur avait été fortement ébranlé. Il s'était fait mauvais pour avoir le droit de se désespérer, et de pouvoir, agenouillé au fond de l'abîme, dévoiler sa vie à son ami.

Cet homme au caractère despotique était despotiquement garrotté sur les ailes de moulin de son imagination; tantôt un calme plat l'y laissait immobile; tantôt un ouragan le lançait dans des flots d'air qu'il croyait diviser, et qui restaient toujours compactes. Il n'ouvrait la bouche que pour engloutir un verre de punch royal : il attendait pour parler que Schoppe partît, ce que ce dernier fit enfin, en leur laissant pour adieu les paroles suivantes :

— Achetez le temps, dit l'apôtre, ce qui signifie : prolongez votre vie le plus long-temps possible. Voilà pourquoi les grands vendeurs de vie, les apothicaires, veulent que, après un punch royal, l'homme aille se coucher et transpire beaucoup.

Combien Roquairol se trouva plus léger

lorsque le bibliothécaire eut disparu!.. Albano se jeta à son cou, et ce fut chose touchante que de l'entendre raconter à cet ami qu'il avait si long-temps attendu tous les événemens, toutes les pensées de sa vie, hormis une seule. Le pauvre Charles était ému jusqu'aux larmes en contemplant l'énergique pureté de ce jeune homme aux joues rosées qui n'avait encore connu la vie que comme il se l'était créée, et non comme elle est réellement. Il sanglota sur le sein palpitant de Césara, et celui-ci pleura à son tour parce qu'il crut qu'il n'était pas assez sensible, et que son ami l'était trop.

— Hors d'ici! hors d'ici!.. cria Charles; c'était depuis long-temps le désir d'Albano. Il sonnait une heure lorsqu'ils furent dans la rue. Combien la fraîcheur de la nuit fut la bienvenue pour les lèvres brûlantes de Césara!.. Rempli des douces pensées que lui inspirait le beau ciel sous lequel il marchait, il s'écria avec une vive émotion de gratitude envers son créateur : — O mon Dieu! qu'il est beau d'exister!...

Charles se pressa contre lui; un sombre nuage voilait son front comme l'aile d'un oiseau de nuit.

— Tant mieux pour toi, répondit-il avec amertume, si tu peux te glorifier d'être!... Ah! le sphinx dort encore dans ta poitrine!... Ecoute ce que c'est que ce sphynx : c'est un monstre à la figure de madone, qui se dresse sur ses quatre pates dans le cœur, qui sourit long-temps, et l'homme sourit avec lui... Tout d'un coup il bondit, enfonce ses ongles aigus dans la poitrine, la brise sous les coups de sa queue de lion, et, content des flots de sang dont il s'est entouré, il s'y étend mollement, et recommence à sourire avec sa figure de madone... O qu'il souffrait celui de qui je tiens cette peinture!... Le monstre l'avait déchiré de toutes parts, et, altéré toujours, il s'était mis à lécher son cœur....

— Affreux!... dit Albano, mais pourtant je ne comprends pas bien...

La lune se leva alors, et de gros nuages d'orage la couvrirent, puis le vent les balaya,... puis il en revint d'autres.

Charles continua : — Dans les premiers temps le misérable s'en tira assez bien; il avait de vives douleurs, mais aussi de grandes joies; des péchés, mais aussi des vertus... Mais comme le monstre continuait toujours à rire et à déchirer, puis à rire encore; comme les transitions entre la douleur et la joie, entre le bien et le mal, devenaient de jour en jour moins sensibles... comme des blasphèmes et de sales images se mélaient à ses prières... comme son cœur ne pouvait ni s'amender ni s'endurcir; il resta là étendu dans son sang sur le grand chemin de la vie, et il continua à mourir!... Pourquoi pleures-tu? le connais-tu ce misérable?...

— Non, répondit Albano avec douceur.

— Eh bien! c'est moi!...

— Toi?... oh! c'est impossible...

— Oui, c'est moi, et quand même tu devrais me mépriser, tu sauras... Non, créature de toute pureté, je ne puis, je ne veux pas te le dire... Tiens, vois-tu, le sphynx s'est réveillé en moi... Oh! prie avec moi, aide-moi, que je ne sois pas forcé de pécher toujours!... Il faut que je m'enivre, que je trompe les femmes, que je fasse l'hypocrite... Tiens, je le fais même en ce moment avec toi!...

Césara contemplait cet œil atone, ces joues pâles comme un linceul, ces traits étirés... et se fâchant à force de l'aimer, il lui dit vivement : — Non, par le Tout-Puissant, ce n'est pas vrai;.. toi si doux, si pâle, si malheureux, si innocent!...

— Ami, dit Charles, je te semble clair et pur comme cet astre là-haut ; mais, ainsi que lui, je suis noir du côté du ciel.

Albano laissa retomber sa main, il essuya de grosses larmes qui roulaient dans ses yeux, et il regarda dans le lointain ce ténébreux Tartare, où, pour la première fois, il avait trouvé cet ami, dont le dernier déguisement de bal tombait maintenant pièce à pièce devant lui... Dans ce moment un coup de vent renversa avec fracas un pin rongé par les chenilles des bois, et Charles s'écria en le montrant : — Tiens, Albano, c'est moi!...

— Ah! Charles, t'ai-je donc perdu aujourd'hui! répondit Césara.

Ces mots détendirent les fibres de Roquairol ; son désespoir sauvage se changea en sanglots, et, trop faible pour renoncer à l'ami que le ciel avait jeté dans ses bras, il résolut de ne pas affliger cette belle ame par la peinture de la sienne, de ne pas lui enlever sa foi en lui, et de se sacrifier en silence. Il s'appuya sur le cœur d'Albano, et il lui dit avec simplicité et à voix basse, qu'il n'était pas méchant, mais malheureux et faible ; qu'il voulait désormais lui tout confier comme à Dieu même, et qu'il lui jurait par l'heure de sa mort de se sanctifier près de lui...— Ah! dit-il en finissant, j'ai été si peu aimé ! Et Albano, au cœur bon, loyal, qui jugeait d'après lui-même des salutaires conséquences d'un repentir vrai, rentra dans sa vieille alliance d'amitié avec toute son énergie.

— Toi, tu es un homme plein de feu, dit Roquairol; mais pourquoi les autres se placent-ils comme sur le mont Saint-Bernard, poitrine gelée sur poitrine gelée, œil atone sur œil atone et bras raide sur bras raide [1]. Oh! pourquoi es-tu venu si tard, ou pourquoi est-elle venue trop tôt [2]?... je ne serais pas devenu ce que je suis... Ce fut là-bas, dans ce village, à la porte de sa chétive église, que je la vis pour la première fois; un mauvais génie me cria: « Aime la belle que je te montre. »

[1] Les religieux du mont Saint-Bernard ont l'habitude d'inhumer poitrine sur poitrine les voyageurs gelés et inconnus qu'ils rencontrent.
[2] Linda de Romeiro.

Elle était entourée d'une foule avide qui admirait son courage non moins que sa beauté, car elle tenait dans la main une vipère;.. et certes c'était quelque chose de merveilleux que cette tête de déesse, au front poli comme l'ivoire, à l'œil noir comme l'ébène, à côté de la tête plate et déformée de la vipère, qu'elle tournait parfois vers son cœur... Cléopâtre!... m'écriai-je, tout enfant que j'étais. Elle me comprit aussi, quoique jeune, jeta un coup d'œil sur le serpent, le rendit et se détourna de moi... Oh! c'est sur mon cœur qu'elle a lancé cet aspic!... Mais maintenant tout est fini, et je parle de sang-froid. Ce n'est que dans les momens où ma vue se repose sur mes vêtemens pleins de sang, que ma sœur a conservés depuis le jour de la Redoute, que je me surprends quelquefois à m'écrier : — Pauvre enfant, pourquoi étais-tu vieux trop tôt?... Mais je te le répète, tout est fini... Qu'à toi s'adressent plus justement ces mots prononcés par un génie meilleur : — Aime la belle que je te montre.

Quel monde de pensées ces paroles ouvrirent pour l'esprit d'Albano!... — Pourquoi, pensa-t-il, laissé-je ce nom de Linda déchirer le cœur de mon ami?... Pourquoi ne pas lui ouvrir mon ame comme il m'a ouvert la sienne, et lui dire : Frère, c'est ta sœur que j'aime pour la vie?...

Ses joues brûlaient, et prenant Charles par la main pour le conduire dans un endroit plus sombre afin qu'il ne vît pas son trouble, il lui dit : — Prends le plus précieux de mes secrets... mais n'en parle pas, pas même à moi... Ne devines-tu pas, mon premier frère?... Cette ame que j'ai aimée autant que toi, c'est, dit-il tout bas, ta sœur!.. Et il cacha sa figure sur sa poitrine.

Charles, transporté de joie à cette nouvelle qui ouvrait un vaste champ à ses désirs, ne put maîtriser sa vive émotion : il pressa son ami sur son cœur, puis le repoussa, puis le pressa de nouveau; il ne pouvait se lasser de l'appeler frère. Vainement Albano mettait sa main sur sa bouche pour l'empêcher de traiter ce sujet, il ne pouvait le quitter. Il se mit à tracer le portrait de sa sœur, il dit combien elle souffrait en silence pour son frère, combien elle parlait en sa faveur lorsqu'il s'agissait de détourner un orage paternel, ou de faire payer quelques créanciers trop pressans. Il était d'autant plus heureux cette nuit qu'il avait trouvé dans Liane le seul être qu'il lui fût possible d'aimer avec désintéressement, sans arrière-pensée d'enthousiasme poétique. Il voyait maintenant ouverte devant lui un incommensurable avenir d'amour, et il leva au ciel ses mains qui, comme celles de Milon de Crotone, avaient été serrées long-temps dans l'arbre de la destinée.

La lune trônait au haut du ciel, les nuages avaient disparu, et jamais l'étoile de deux hommes ne se leva plus radieuse !

ONZIEME PÉRIODE DU JUBILÉ.

SOMMAIRE.

Peu de mots. — Cereus serpens. — Pressentimens.

CYCLE LVI.

Roquairol, profitant un jour de l'absence de son père, proposa à Albano de le conduire chez sa mère. Celui-ci rougit en songeant aux intentions cachées et bienveillantes de son ami, et à l'aveu qu'il lui avait fait. C'était la première fois depuis leur entrevue solennelle qu'on agitait ce sujet même indirectement. Il n'y avait que le capitaine seul qui pût parler froidement de Linda comme de toute autre.

Liane, qui voyait dans son frère le seul ami véritable qu'elle eût dans le monde, l'accueillit avec de grands transports de joie ; elle reçut également le jeune comte d'une manière aimable et gracieuse, car elle voyait en lui le compagnon dévoué de son Charles.

Avec quelle émotion profonde Albano se retrouva dans cette chambre de jeune fille, de la fenêtre de laquelle il avait aperçu la pauvre aveugle errant sur le bord des cascades.

Roquairol, qui philosophait sur tout, et qui s'irritait chaque fois qu'il trouvait quelque chose d'inutile dans le monde, s'écria en voyant une des fleurs que Liane brodait sur du satin : — Rien ne m'afflige comme de voir que des milliers d'objets soient jetés dans la création sans que jamais un œil les remarque et les admire. Tiens, je souffre en pensant que cette petite fleur que tu viens d'achever ne fixera l'attention de personne.

Liane aurait pu prendre cette observation pour une critique d'artiste sur son dessin, dont les fleurs, pour obéir au goût de son père, étaient semées avec profusion sur le canevas, et presque l'une sur l'autre... car Froulay suivait encore cette vieille mode, d'après laquelle on s'entourait le corps de tout un herbier en soie... et c'était un gilet qu'elle brodait pour lui. Mais elle se borna à lui répondre en souriant : — Eh bien ! cette petite fleur a échappé au sort que tu redoutais pour elle, puisqu'elle a fixé ton attention.

— Qu'importe l'annihilation ou l'inutilité ? continua Roquairol ; il suffit qu'une chose soit. Dans les déserts, les oiseaux chantent et les étoiles brillent sans qu'aucun homme voie celles-ci ou entende ceux-là. Il y a en nous et autour de nous plus de choses invisibles que de choses visibles. La nature use de tout et ne s'use jamais ; nous aussi nous sommes une nature... Ah ! puisons à pleines mains sans nous occuper du sort de ce que nous créons... Va, ma sœur, continue à broder.

Le lecteur Augusti arriva dans ce moment pour annoncer que la princesse Julienne viendrait dans la soirée visiter son amie. Ce fut une bonne nouvelle pour le frère et la sœur ; pour celle-ci, parce que c'était le seul cœur dans lequel le sien pût s'épancher ; pour Roquairol, parce qu'il éprouvait le besoin d'un rôle de femme dans une société ; elle l'inspirait et produisait sur lui le même effet que faisait autrefois sur Kant, la vue d'un bouton manquant[1]. Pour distraire Liane de sa broderie, il ôta un voile de gaze rose qui couvrait une statue, et le jeta sur la figure de sa sœur... Dans ce moment, Julienne entra, et la jolie voilée eut grande peine à se débarrasser du nuage qui l'enveloppait, pour courir au devant de son amie... Albano lui tendit machinalement la main, et elle lui remit le voile en le regardant d'une façon à faire battre long-temps son cœur.

Julienne amena avec elle tout un cortége de joyeuses saillies. Le capitaine, qui faisait de son esprit ce qu'un artificier fait de la poudre, c'est-à-dire qu'il lui donnait toutes les formes, aida la princesse à maintenir la conversation sur le ton d'une aimable gaieté. L'œil noir de cette jeune fille restait constamment fixé sur ceux d'Albano qui, embarrassé de ces longs regards, les tenait souvent baissés. Les princesses seules (on peut pourtant leur adjoindre les dames de la cour), ont le privilége de regarder long-temps le même homme

---

[1] On raconte de Kant, que, pendant les leçons qu'il donnait, il avait l'habitude de tenir ses yeux fixés sur un endroit de l'habit d'un étudiant où manquait un bouton. Un jour le bouton se trouva replacé et le professeur resta court.

sans rougir ; fasciné par cette silencieuse contemplation, il essaya à son tour de lire dans les yeux de la belle curieuse : elle soutint son regard sans rougir, et se borna à lui demander s'il se souvenait de la dernière visite qu'elle avait faite à ses parens adoptifs, dans son village de Blumenbühl. Il s'empressa de répondre affirmativement ; mais, dans sa vive affection pour la famille Wehrfritz, il oublia, peut-être ne le savait-il pas encore, qu'il était contre l'usage de la bonne société de louer les personnes, et qu'il n'était permis de louer que les choses, et, n'écoutant que son cœur, il fit un long récit des vertus et des qualités de sa sœur Rabette, panégyrique que Julienne interrompit en priant d'Augusti de lui répéter l'air de la nouvelle anglaise qu'il avait dansée au bal de la dernière redoute. Lorsque le lecteur eut rempli son désir, elle prétendit qu'on ne pouvait bien saisir un air de danse qu'en l'exécutant.

Sur ce je prendrai la liberté d'inviter les aimables lectrices (qui ont bien voulu me suivre jusqu'ici), à un bal de famille, composé de deux couples. Elles verront les deux jeunes filles, ces ravissantes jumelles d'ame s'agitant à côté l'une de l'autre avec autant de précision et de régularité que s'agitent les deux ailes d'une colombe. Ce spectacle fait naître en moi une idée : Je voudrais que les jeunes filles dansassent en tout point et toujours comme les Graces ou les Heures, c'est-à-dire ensemble ; mais jamais avec nous autres, hommes lourds et grossiers qui ne servons dans un bal que d'ombres au tableau, et qui n'y sommes bons qu'à chiffonner (quand nous ne les déchirons pas), les suaves parures de nos partners aériennes.

Liane semblait un ange qui vient de visiter la terre et qui remonte au ciel : elle avait dépouillé jusqu'à l'apparence d'une créature terrestre, seulement elle avait caché ses ailes. Le plancher d'une salle de bal est pour les femmes ce qu'est le cheval pour les hommes ; à chaque sexe sa spécialité : il n'y a qu'un bon cavalier qui puisse rivaliser avec une bonne danseuse. Heureux Albano, tu oses à peine effleurer le bout des doigts de ta Liane ; tu crois être emporté dans le pays fantastique des songes, et tu crains le réveil. Qu'elle ressemblait peu, ta partner, à ces sèches et méthodiques danseuses qui, portant tout Caton d'Utique sur leur visage, se meuvent avec une régularité aussi froide qu'une des créations de Vaucanson. Julienne voltigeait à côté du couple, sans qu'on pût deviner si c'était à Liane ou à Albano qu'elle désirait plaire.

Bientôt Liane proposa à son amie une petite promenade dans le jardin. Ce n'était qu'un prétexte : deux jeunes filles ne se parlent devant le monde qu'à travers un voile épais, et elles aspirent toujours au moment où ce voile pourra tomber.

Ainsi se passa la première soirée de bonheur pur de notre héros.

CYCLE LVII.

Il me serait difficile de former des conjectures sur les sentimens de Liane ou sur l'avenir de Césara. C'est naturel : les femmes et les maisons espagnoles ont beaucoup de portes et peu de fenêtres, et il est plus facile d'entrer dans leurs cœurs que d'y regarder... surtout quand il est question des jeunes filles ; j'aime mieux, quant à moi, deviner dix mères que deux filles.

Le ministre de Froulay n'était pas encore de retour, et Roquairol conduisit une seconde fois Albano chez sa mère.

Il trouva sa Liane tout aussi ravissante que la dernière fois qu'il l'avait vue, et cependant ce n'était ni le même genre de graces, ni la même expression de physionomie. Pourquoi, se dit-il, ne puis-je apprendre par cœur, non-seulement le moindre de ses mouvemens, mais encore jusqu'au plus petit de ses traits? Pourquoi ne puis-je pas graver dans ma mémoire, comme on le fait d'une antique, son sourire si gracieux et pourtant si mélancolique? Absente je la verrais, elle ne me quitterait jamais!.. pourquoi? demandes-tu : c'est que, jeune homme, plus une jeune fille est jolie et jeune, plus il est difficile à la mémoire et au pinceau de la saisir : on n'oublie jamais les laides ni les vieilles, et on les peint fort ressemblantes.

Le capitaine proposa une promenade dans les jardins; mais madame de Froulay se refusa à laisser sortir Liane, de peur du *serein*. Le hasard se décida à prêter son appui aux jeunes gens : un jardinier italien qui cultivait des plantes et des fleurs exotiques, vint tout joyeux annoncer qu'à dix heures le *cereus serpens* fleurirait. Le moyen de résister à une séduction de ce genre et de refuser un spectacle qu'on ne pourrait voir de long-temps! Tout le monde alla dans la serre.

Ce nectar suave que recelaient cinq calices blancs entourés de feuilles brunes, parlait à l'imagination d'une façon toute particulière. Le parfum délicieux d'un printemps étranger remplissait la chambre. Liane passa doucement le doigt sur ces jolis vases, comme si elle eût touché les paupières d'un être endormi. — Que c'est joli! s'écria-t-elle, on dirait cinq étoiles du soir; mais pourquoi ne s'épanouissent-elles que la nuit, ces fleurs timides. Charles voulut en cueillir une, mais elle l'arrêta en lui disant : — Oh! laisse-les vivre, demain ne seront-elles pas déjà mortes... Charles, tout se fane si vite!.. — Tout! répondit son frère d'une voix sombre.

—Contre son intention madame de Froulay l'avait entendue, et elle dit : — Les pensées de mort ne conviennent point à la jeunesse : elles paralysent ses ailes.—Aussi reste-t-elle au logis paternel, réplique avec douceur Liane, comme la grue dont parle Kleist dans une fable, dont on avait coupé les ailes pour qu'elle ne suivît pas ses compagnes dans les pays chauds.

Il fallut du temps à Albano pour lever ce voile semi-gai, semi-triste qui enveloppait Liane, et pour découvrir les riches trésors que recelait son ame.

Mais plus tard la pauvre fille eut grand' peine à paraître telle que sa mère le désirait. La lune, ce beau lys qui fleurit si loin de la terre... ce panthéon d'étoiles... cette ville céleste, à travers les fenêtres de laquelle scintillaient les lumières... ces longues et silencieuses allées qui se dessinaient à droite, à gauche, partout... ce reflet d'argent de la lune sur le ruisseau... ces rossignols, nocturnes musiciens, qui chantaient dans la feuillée... tout cela ne devait-il pas remuer profondément un cœur, et lui apprendre que quelque chose lui manquait? Et ce cœur, le plus tendre de ceux qui battent dans une poitrine de femme, aurait pu se voiler tout-à-fait!.. Peu s'en fallut pourtant : n'était-elle pas accoutumée, la bonne Liane, à donner pour tombeau à ses larmes le lieu même où elles étaient nées !

Il fut un moment où elle apparut au jeune comte comme une intelligence céleste : sa mère parlait à Charles : et elle, à quelques pas d'eux, appuyée sur la statue d'une madone, tenait ses yeux levés vers les nuages, comme s'ils eussent été assez perçans pour traverser les épais rideaux qui l'en séparaient... Tout à coup sa figure s'anima, et elle sourit à un être

78

invisible qui semblait s'entretenir avec elle..
ses lèvres même s'entr'ouvrirent, on eût dit
que des mots s'en échappaient... Albano crut
dans cette minute que jamais il ne l'avait aimée autant!.. Un soupir, que ne put retenir
la poitrine oppressée de Liane, réveilla toute
la sollicitude de sa mère : elle prit sa main, et
dans quelques secondes toutes deux avaient
disparu.

Les amis restèrent seuls, et Césara, employant pour la première fois de sa vie une
voie détournée, chercha à obtenir de Roquairol quelques éclaircissemens sur ces élans de
Liane vers un autre monde. Il lui répondit
que, soigneuse de cacher à sa mère la moindre
pensée qui pourrait l'affliger, sa sœur ne confiait qu'à lui ses craintes et ses espérances, et
que, surtout depuis quelque temps, elle avait
des idées d'avenir qu'elle cherchait à ne point
laisser deviner à madame de Froulay.

— Tout à l'heure, ajouta Albano, elle souriait comme si elle eût répondu à des paroles
descendues de là-haut?

— Quoi! tu l'as remarqué?.. dit Charles.
Et elle remuait les lèvres, n'est-ce pas? O mon
ami! Dieu seul sait quelle fascination l'abuse,

mais elle est persuadée qu'elle mourra l'année prochaine.

A ces mots Césara serra fortement la main de son ami, et lui dit d'un ton solennel :

— Frère, je t'en conjure, reste toujours mon ami!.. Une pression muette répondit à cet appel.

Ils rentrèrent. Dans la chambre qui précédait celle de Liane, Albano aperçut un piano, et, dominé par une émotion surnaturelle, il s'y plaça et des torrens d'harmonie, de cette harmonie rêvée et non copiée, s'échappèrent de ses doigts. Il voyait dans l'autre pièce la bien-aimée de ses songes, et, dans le délire de sa passion, il crut faire passer sur les touches les sensations qui le maîtrisaient... Il finit par se persuader qu'il causait tout haut avec elle, que ses accords si suaves, si tendres lui disaient : — Combien je t'aime, ange de ma vie !.. Et quand les cordes rendaient des sons mélancoliques, il croyait lui demander : — De quoi souffres-tu ?... Pourquoi pleures-tu ?... Lis dans ce coeur qui est à toi, qui sera toujours à toi, et ne le fuis pas, être si pur, si divin, si à moi !..

Les yeux de Liane étaient humides, son frère s'approcha d'elle, elle lui serra la main : mais était-ce bien celle-là qu'elle croyait presser ?

On se sépara, et au moment du départ Liane embrassa Charles avec plus de tendresse qu'elle ne l'avait fait encore, puis ses yeux se reposèrent sur ceux d'Albano avec une expression qu'il lui sera impossible d'oublier jamais.

Il se réveilla souvent cette nuit-là, sans savoir ce qui le rendait si complétement heureux : Ah ! c'était ce son de voix toujours présent à son oreille ; c'était cet œil qui le regardait au milieu de tous ses songes.

DOUZIÈME PÉRIODE DU JUBILÉ.

SOMMAIRE.

Fête et projets de Froulay. — Sermon. — Rabette. — L'harmonica. — La nuit. — Le père Spener. — L'escalier merveilleux. — L'apparition.

CYCLE LVIII.

Pauvre Albano, tu ne serais pas resté heureux long-temps, si tu avais entendu ce qui fut dit le soir de la fête du ministre de Froulay.

Depuis un certain laps de temps, le front du ministre de Froulay était à la tempête, et l'on pouvait, à chaque minute, s'attendre à en voir tomber la foudre; ce qui veut dire qu'il était vif et gai, outre mesure. Ainsi les enfans flegmatiques qui deviennent gais tout-à-coup, sont certainement menacés de la petite-vérole. Comme il était tout à la fois père de famille et despote (le mot despote signifiait l'un et l'autre chez les Grecs), on pensait que, comme les anciens détourneurs d'orage, il se chargerait des tempêtes de la famille. Les orages conjugaux ne peuvent manquer de troubler grandement la tranquillité du mariage, ce qui se conçoit d'autant mieux qu'il faut très-peu de chose pour le rompre; par exemple: chez les Juifs il suffisait que la femme criât trop haut, ou bien qu'elle laissât brûler le dîner, ou bien encore qu'elle mît ses souliers à la place de ceux du mari, etc., etc. Il y avait plus d'une autre cause pour que la famille Froulay craignît le tonnerre; par exemple, le désir de visiter sur la sœur les méfaits du frère (qui, comme Achille sous sa tente, ne cédait pas et ne revenait pas) : c'en était certes bien assez.

Eh bien, Froulay continua toujours à rire et ne tonna pas. Il fit plus, et j'ai eu besoin de preuves à montrer à l'appui, il ne gronda pas Liane, quoiqu'elle se fût rendue coupable d'un crime de lèse-étiquette, en sautant au cou de la princesse Julienne qui venait de lui donner des marques d'amitié; au lieu de se tenir droite et immobile devant elle, dans la position du soldat au port d'arme. Il se contenta de lui dire :

— Enfant, tu vas trop loin avec ton auguste amie : demande à ta mère, elle sait fort bien ce que sont des *liaisons* d'amitié.

Il n'y avait que Liane qui, quoique bien souvent déçue par le calme trompeur de cette mer, s'imaginât que le thermomètre de la famille resterait toujours au beau fixe. Toutefois on était proche d'un jour solennel, de la fête du vieux Froulay; époque olympique si jamais il en fût. Pendant toute l'année, le ministre épiait ce jour-là, afin que, le matin, lorsque venaient les complimens, il n'oubliât pas de l'oublier et de s'étonner le plus naïvement possible. Les affaires, disait-il, en sont cause.... puis le soir, quand arrivaient les convives (on ne faisait que souper parce que les affaires empêchaient de dîner), il continuait de s'étonner.

Cet anniversaire avait été célébré avec toute la solennité voulue; Liane avait donné à son père la fameuse veste de satin, et Roquairol avait composé un petit drame à deux acteurs, joué par sa sœur et par lui, dans lequel était retracée la scène de confession telle qu'elle avait eu lieu réellement entre Charles et Albano : seulement, au lieu de ce dernier, il avait fait choix de Liane. La pièce eut un succès d'enthousiasme, et l'aigre figure de Bouverot exprima même quelque émotion; toujours est-il, qu'après la représentation il fit signe à Froulay, et que tous deux s'enfermèrent dans le cabinet de travail du ministre.

Froulay avait de grandes obligations au chevalier teutonique, non-seulement de ces obligations, marchandise qu'échangent entre eux les courtisans, marché dans lequel l'un donne un crédit qu'il aura pour jouir d'un crédit qu'un autre possède déjà; mais bien de ces obligations pécuniaires qui lient d'ordinaire plus fortement. En effet, à son retour d'Italie Bouverot avait rapporté des tableaux d'un grand prix qui figuraient déjà dans le cabinet de Luigi, et pour lesquels Froulay avait reçu des mandats sur la trésorerie, qu'il s'était empressé de toucher; seulement au lieu d'en remettre le montant à Bouverot, il avait préféré le garder pour lui. C'était une position embarrassante, et le ministre désirait en sortir le plus tôt et le plus honorablement possible.

L'occasion était fort belle : tout le monde nageait dans la joie le jour de sa fête, lui-même, contre son habitude, avait eu des sourires pour toute sa famille, même pour son fils ; il résolut de battre le fer pendant qu'il était chaud.

En conséquence, après que toute la société fut partie, il se dépouilla de son costume de ministre, et reparut en bonnet de nuit, devant sa famille surprise de cette apparition inaccoutumée.—Ma Colombe, dit-il à Liane, laisse-moi seul avec *Guillemette*. Puis donnant à sa physionomie une expression riante, ce qui faisait ressembler sa bouche à un casse-noisette, il ajouta : — J'ai à dire quelque chose à ta mère qui te fera plaisir.

Quand le couple conjugal fut seul, le ministre continua en ces termes :

— Vous savez ce que je dois au chevalier teutonique. J'ai trouvé le moyen de m'acquitter envers lui. L'avez-vous attentivement observé ?

Elle fit un signe de tête négatif.

— Eh bien, moi je l'ai fait depuis longtemps, et j'ai été content de mon examen ;

j'avais le nez bon. Il a vraiment du penchant pour ma Liane.

Madame de Froulay ne voyait pas ce que tout cela avait de commun avec la chose qui devait lui faire plaisir ; elle garda le silence et le ministre continua en la regardant avec cette expression de visage qui n'est pas encore de la colère, mais qui déjà n'est plus de la bonne humeur :

— Le chevalier a des intentions loyales. Il se mariera secrètement avec elle : au bout de trois ans il quittera l'ordre, et le bonheur de notre fille sera fait. *Vous êtes, je l'espère, pour cette fois, un peu dans mes intérêts, ils sont les vôtres.*

Le coup était violent pour son cœur de mère, elle fondit en larmes. Puis elle répondit en s'essuyant les yeux : — Monsieur de Froulay, je ne vous cacherai pas toute ma surprise. Une si grande différence dans les âges, dans les sentimens, dans la religion[1] !

— C'est l'affaire du chevalier et non la nôtre. Quant au cœur de Liane, j'ai précisément compté sur vous pour le sonder.

---

[1] Bouvernt était catholique.

—Oh! ce cœur si pieux ! vous plaisantez!..

— Du tout ! d'ailleurs si elle a un cœur aussi pieux que vous voulez bien le dire, elle se prêtera certes à faire le bonheur de son père, si elle n'est pas la plus grande égoïste de la terre. Je n'aimerai pas à contraindre ma fille si une fois elle m'obéit.

— *N'épuisez pas ce chapitre, mon cœur est oppressé*... et puis le sien est si faible, si délicat, elle en mourra !..

— *Tant mieux !* s'écria Froulay hors de lui, on en restera alors aux fiançailles... Vous me faites dire des choses !.. Et à qui la faute? Il m'en arrive autant avec le capitaine ; au commencement mes enfans promettent monts et merveilles, puis ils ne tiennent rien. Mais, *Madame*, vous seule savez polir et dépolir votre fille, elle vous obéit mieux qu'à moi... J'espère que vous ne me compromettrez pas vis-à-vis du chevalier... Je n'ai pas besoin de vous détailler plus au long les avantages de cette union.

Mais la mère de Liane se leva avec dignité et dit : — Monsieur de Froulay, jusqu'à présent je n'ai pas parlé de moi, je vais le faire maintenant : jamais je ne conseillerai, n'approuverai ni ne permettrai ce mariage. Je ferai plutôt tout le contraire. M. de Bouverot n'est pas digne de ma Liane.

Pendant cette courte allocution, le ministre avait plus d'une fois approché les mouchettes des bougies sans parvenir à autre chose qu'à faire charbonner les mèches ; quand elle fut finie ses lèvres devinrent bleues de colère et il dit :

— *Bon !* je vais entreprendre un voyage, vous aurez le temps de réfléchir ; mais je vous donne ma parole d'honneur que je n'accepterai aucun autre parti, fût-il même plus distingué que celui que je vous propose.

Il appuya sur le mot *distingué* et regarda ironiquement sa femme. Il faisait allusion au lecteur Augusti. — Ou la jeune fille m'obéira, ou elle souffrira… *Décidez ! Mais je me fie à l'amour que vous portez au père et à la fille, vous nous rendrez tous contens.*

Il s'éloigna après avoir prononcé ces paroles solennelles.

Au bout de quelques jours, pendant lesquels la scène précédente se renouvela plusieurs fois, le ministre partit enfin pour Haarhaar, comme chargé d'affaires de Luigi, relativement à son futur mariage. Dès qu'il eut quitté Pestitz, madame de Froulay se hâta de consulter son vieil et fidèle ami, le lecteur Augusti. Pendant les premières années de son mariage avec le ministre, l'amour, faute de trouver de l'occupation avec les nouveaux époux, s'amusa à jeter quelques étincelles dans les cœurs de la jeune mariée et d'Augusti; mais à peine madame de Froulay fut-elle mère que ce feu couvert s'éteignit tout-à-fait et se changea de part et d'autre en une franche et mutuelle amitié. Il savait que, d'un jour à l'autre, un divorce séparerait ces cœurs si mal unis; mais d'un autre côté il n'ignorait pas que la mère de Liane, qui déjà avait tout sacrifié à sa fille, lui immolerait encore sa liberté nouvelle, pour lui conserver le village de Klosterdorf, qu'elle perdrait si elle se remariait. C'était donc entre ces deux êtres une ligue amicale, offensive et défensive, dans laquelle n'entrait aucune pensée illicite.

Lorsqu'Augusti apprit le projet du ministre, il commença à se vanter de l'avoir prévu depuis long-temps; puis il assura son amie que jamais Bouverot n'échangerait sa croix de chevalier contre un anneau nuptial, qu'il ne s'agissait donc que de temporiser avec le ministre à l'aide de petites concessions, parce que ce n'était point tant au mariage qu'il tenait qu'à un compromis avantageux avec le chevalier, et qu'à une soumission profonde à ses volontés. Il termina en conseillant de profiter de l'absence de Froulay pour envoyer Liane passer quelque temps à la campagne, ce qui aurait le double avantage de raffermir sa santé et d'éloigner d'elle Bouverot qui, depuis le jour de la fête du ministre, était devenu plus assidu que jamais dans ses visites. Cet avis fut adopté par acclamation, et on n'eut plus à délibérer que sur le choix de la campagne; choix qu'il fallait faire de façon à ne point offenser le père de Liane ; Augusti proposa la maison du vieux directeur de Wehrfritz, qui réunissait l'avantage de ne point déplaire à Froulay, et celui, non moins grand, d'éviter entièrement les visites de Bouverot qui était brouillé mortellement avec Wehrfritz.

Avant d'arriver à Blumenbühl il y a plus d'une montagne à franchir ; et, d'abord, les lecteurs vont être contraints de rester avec moi pendant la durée d'un tout petit sermon que je me propose d'adresser aux mères, et, quoique cela ne dût, à bien prendre, regarder que les lectrices, ces messieurs ne pourront que gagner à l'écouter avec attention.

DES FILLES, ET DU MARCHÉ OU ELLES SE VENDENT.

Celui qui possède une très-belle et très-riche fille garde sous son toit un Pitt [1] qui lui est tout-à-fait inutile, et qu'il ne peut vendre qu'à un régent. Mercantilement parlant, les filles ne sont pas un article de commerce; car on ne peut confondre les négocians-parens à la grosse aventure, avec certaines trafiquantes en détail dont le nom n'est élégant dans aucune langue; les filles ne sont donc qu'une action de la mer du Sud, avec laquelle on perd ou on gagne.

— *Je ne vends que mes* paysages, *et je donne les* figures *par-dessus le marché*, disait Claude Lorrain; ce qu'il prouvait d'autant mieux qu'il faisait faire par d'autres les figures de ses paysages. Il existe de même des biens-fonds qui figurent comme dot dans les contrats de mariage, la jeune fille se prend par-dessus le marché. En remontant plus haut

---

[1] Il ne s'agit pas ici de Pitt le ministre, mais de Pitt le diamant que le père du Pitt actuel vendit au duc d'Orléans, régent de France : comme il s'agit de vente on aurait pu se méprendre.

(*Note de Jean-Paul.*)

une princesse n'est qu'un rameau en fleur que le royal époux acquiert et emporte chez lui, non pas à cause des fruits qu'il promet, mais bien pour l'essaim de terres et d'homme qui est venu y faire ruche.

Il y a quelques jeunes cœurs qui prétendent que ces sortes de trafics étouffent l'amour, et souvent le détruisent entièrement ; c'est une erreur : rien au contraire ne lui est plus favorable, et n'active davantage sa croissance. Car, aussitôt que le marché est conclu, aussitôt que le teneur de livres (le prêtre) l'a porté sur son grand-livre, arrive alors le temps où une fille peut songer à son cœur et prendre soin de lui : Beau temps du mariage ! Le seul en France, en Italie et quelquefois même en Allemagne, qui soit convenable pour qu'un cœur de femme puisse faire son choix parmi ces troupeaux d'hommes ! Alors, comme les Vénitiens, elle change d'état : de mercantile elle devient conquérante. Il arrive parfois que l'uxorique négociant se surprend à avoir du goût pour la denrée qu'il a apportée dans son magasin ; quel rare bonheur ! Comme Moïse Mendelsohn qui composa ses Lettres sur les sentimens en portant son ballot de soieries sur le dos, les hommes dont il s'agit méditent, au beau milieu de leur négoce, des lettres d'amour pour leur marchandise, et trafiquent avec la jeune vierge comme les marchands de Messine avec la Suisse, c'est-à-dire en compagnie. Mais cette heureuse alliance d'amour et de commerce est chose rare, et l'on aurait tort d'y prétendre.

J'ai écrit ce qui précède pour les parens qui traitent en plaisantant du bonheur de leurs enfans, maintenant je vais parler sérieusement. Je vous demanderai d'abord de quel droit, dictant à des êtres libres les penchans qu'ils doivent éprouver, ou qu'ils doivent feindre, vous posez votre sceptre de plomb sur toute une belle et noble existence? Les dix années d'apprentissage que subissent vos filles ne leur ôtent rien de leur liberté. Pourquoi, pendant que vous êtes en train, ne leur commandez-vous pas d'aimer toute leur vie? Pourquoi n'exercez-vous pas le même droit lors d'un second mariage? Comme salaire de l'éducation que vous avez donnée, exigez-vous de vos élèves le sacrifice de leur liberté? Vous faites comme si vous aviez élevé sans avoir jamais été élevé vous-mêmes; on dirait une dette pesante que vous léguez à vos enfans, faute d'avoir pu la payer, vous, à vos parens; je ne vois dans ce cas qu'un seul créancier impayé : le premier homme; et qu'un débiteur insolvable : le dernier.

Si une fois vous avez le droit d'imposer le bonheur à vos enfans, ne doivent-ils pas, par reconnaissance, plus tard, vous imposer le vôtre? mais quel est donc ce bonheur qu'ils sont forcés d'acheter au prix de tous les rêves de leurs jeunes cœurs? Ce n'est pas le leur, mais le vôtre : ils se sacrifient pour votre ambition ou pour votre avarice, pour vos haines ou pour vos amitiés. Pour préparer vos filles à ce bonheur si chèrement payé, pour les forcer à une union mal assortie, il faut que vous posiez en principe : l'inutilité de l'amour dans le mariage : l'espoir d'une mort prochaine. Vous faites des pécheresses de vos filles, pour n'être pas vous-mêmes des brigands.

Qu'on ne vienne pas me dire qu'il est beaucoup de mariages d'inclination qui tournent mal, et beaucoup de mariages forcés qui tournent bien. Personne n'est placé assez près pour entendre et pour compter les soupirs de la femme; la douleur la plus violente devient à la longue sans voix ; de nouvelles blessures empêchent les anciennes de saigner.

Voyons : quelle est ordinairement la main dans laquelle vous placez la main si jeune, si douce, si pure, si contrainte de votre fille?... n'est-ce pas une main vieille, ridée, avare?... Songez-y bien, les libertins surannés, ou d'un rang élevé, ou d'une grande fortune, sont trop connaisseurs, trop blasés et trop à même de choisir, pour ne pas s'emparer des victimes les plus belles, les plus séduisantes. Les créatures moins parfaites n'échoient d'ordinaire qu'à ceux qu'elles aiment et qui les aiment. Mais qu'il est méprisable, l'homme qui, dégradé de toute valeur intrinsèque, sans autre mérite qu'un pouvoir étranger, heureux d'un bonheur qu'il a volé, traîne après lui dans la vie une pauvre fille abandonnée, pour l'étreindre dans ses bras comme dans un étau, et voir de plus près la pâleur qui la dévore, les soupirs qu'elle pousse, les larmes qu'elle répand. L'homme d'honneur ne donne qu'en rougissant, mais il ne prend jamais s'il doit avoir à rougir. Le lion, ce noble animal, a pitié des femmes, et ces lâches acheteurs d'ames contraignent même leurs victimes à avoir l'air de s'être données volontairement.

Toi, mère du pauvre cœur que tu veux rendre heureux à force de malheur, écoute-moi... Ta fille, supposons-le, a cessé de résister à la misère que tu veux lui imposer : crois-tu donc que tu en auras moins changé en sommeil torpide son riche songe de la vie ? que tu lui en auras moins volé les belles et fertiles îles de l'amour, avec tout ce qui y croît, les jours de joie, et jusqu'à ces momens si heureux que même, après qu'ils sont passés, on se retourne pour les voir de loin ?... Mère, si tu as connu ce temps-là, n'en prive point ta fille ; et s'il t'a été volé, pense à ta longue douleur et ne la lègue pas après toi.

Supposons encore qu'elle rende heureux le ravisseur de son avenir : quel océan d'amour n'aurait-elle pas répandu sur l'homme qu'elle aurait choisi!... Mais cela n'arrive ainsi que rarement... Tu amasseras une riche moisson de regrets : tu auras d'un côté le désespoir muet de ta fille, de l'autre le refroidissement de son acquéreur qui a passé pour avoir de l'amour et non de l'indifférence ou de la haine. Tu auras rendu impénétrable aux rayons du soleil l'époque de la vie qui a le plus besoin de chaleur... la jeunesse. Oh ! jette plutôt la tristesse dans ces autres âges renfermés dans ces trois égales et monotones dizaines, la troisième, la quatrième et la cinquième, et laisse sans orage le lever du soleil ; qu'il ne pâlisse pas avant midi !

Mais si tu avais sacrifié à ces projets d'ambition, non-seulement des joies, des espérances, une union heureuse, tout un avenir de jeune fille, mais encore la victime elle-même !... qui pourra te justifier à tes propres yeux, qui pourra sécher tes larmes, lorsque la meilleure des filles, et ce sont justement celles-là qui obéissent, qui se taisent et qui meurent, devenue comme un fruit exposé moitié au soleil et moitié à l'ombre, qui est en pleine maturité d'un côté, et sec, pâle et décharné de l'autre, se traînera lentement vers sa tombe, et ne pourra plus te cacher ses longues angoisses, sa longue agonie? Songes-y, tu ne pourras pas la consoler, car ce sera toi qui l'auras tuée, et la voix de la conscience te criera : Infanticide ! Tu la verras se débattre dans cette mer où tu l'auras jetée... et toi, mère coupable, tu seras sur le rivage, et, s'il te reste un cœur, ton désespoir te tuera comme il aura tué ta fille. Si tu n'es pas cou-

pable encore, viens, je t'appelle pour assister
à cette mort de tous les instans, et je te demande : Faut-il que ton enfant succombe aussi
comme celle-là ?...

CYCLE LIX.

Albano reçut le lendemain une lettre de son père, datée de Madrid, dans laquelle il lui apprenait, d'abord qu'il avait acquis la certitude de la mort de sa fille, ensuite qu'il se proposait d'aller en Italie l'automne prochain avec sa pupille la comtesse de Romeiro.

Peu d'instans après l'arrivée de cette lettre il reçut une invitation de la femme du ministre, lettre qu'il était loin d'attendre, et qui acheva de leur ouvrir le ciel. Il courut chez madame de Froulay, et la première personne qui lui sauta au cou fut sa bonne sœur adoptive Rabette qu'il n'avait pas vue depuis si long-temps.

La dernière fois que Wehrfritz avait été chez le ministre, madame de Froulay, pensant qu'un jour elle pourrait avoir besoin d'user de la maison du directeur, l'avait engagé de la manière la plus aimable et la plus pressante à lui confier quelque temps sa fille, pour lui donner la connaissance du monde et lui procurer une agréable distraction. Il avait accepté et Rabette était venue.

La princesse Julienne et la petite Hélène faisaient partie de la société, qui attendait avec impatience que le temps s'éclaircît un peu pour se promener dans le jardin. Le soleil ne se fit pas prier long-temps, et bientôt toute la troupe folâtre, à laquelle s'était joint le capitaine Roquairol, fut réunie au milieu des fleurs et des arbustes.

Julienne était restée un peu en arrière, pour demander à Albano des nouvelles de son père et de Linda. Il lui fit part de celles qu'il avait reçues, et, lorsqu'elle eut appris le voyage que projetait la comtesse, elle s'écria : — Je la reconnais bien là : elle veut tout apprendre, voyager partout ; je gage qu'elle gravira le Mont-Blanc et qu'elle descendra dans le Vésuve. Aussi Liane et moi nous ne la nommons que la Titanide. La connaissez-vous?

Il répondit que non.

— Eh bien, monsieur, *la voici*, dit-elle, pressant le ressort d'une bague, qui découvrit une miniature d'un travail achevé.

Pauvre Albano! c'était précisément la figure qui lui était apparue au milieu des flots du Lac Majeur!..

— Elle est parfaitement ressemblante, ajouta Julienne.

— Parfaitement, répéta Césara, sans remarquer qu'il se contredisait. Liane seule en fit l'observation, et elle regarda fixement le jeune homme, qui, revenu de sa première surprise, reprit le mot qu'il avait dit et continua :

— Parfaitement... belle; mais je lui trouve quelque chose de hardi dans les traits... Et je n'aime pas la hardiesse dans les femmes.

— Oh! je m'en rapporte aux hommes là-dessus, répondit Julienne : aucune nation ennemie ne l'aime chez ses adversaires.

— Pourquoi, mon Albano, n'étais-tu point parfaitement heureux dans ce moment? pourquoi aux heures les plus fortunées de la vie la douleur se glisse-t-elle dans notre cœur comme un serpent sous des fleurs? Au-dessus de sa tête glissaient sur le ciel bleu de larges nuages d'un blanc éblouissant; le soleil du soir était encore derrière son palais, mais des deux côtés son long manteau de pourpre s'étalait en plis ondoyans sur la voûte céleste. Il regarda à l'est du côté de Blumenbühl, des flammes vertes y scintillaient, et des feux follets voltigeaient comme autant d'oiseaux dorés à travers les feuilles et les buissons : les fontaines mariaient l'argent de leurs ondes à tout cet or qui resplendissait au loin.

Julienne regarda Albano, auprès de qui elle était assise comme s'il eût été son frère; et Charles dit à Liane : — Chante-nous ton hymne du soir, ma sœur.

— Volontiers, répondit-elle.

Jamais elle n'avait été mieux disposée pour ces chants graves où l'ame se repose des fortes impressions qu'elle a reçues; elle se sentait heureuse de pouvoir, au moyen de l'harmonica, dire tout haut ce que ses yeux taisaient.

Mais au milieu de la mobilité des désirs de groupe, il était difficile que l'on conservât long-temps la même idée ; aussi, au bout de quelques minutes, il fut décidé que ce serait Charles qui viendrait s'asseoir devant le mélancolique instrument.

Quelle délicieuse promenade fit Césara !.. On proposa d'ouvrir les cascades, et bientôt des nappes de poussière humide s'élevèrent devant les jeunes gens. Ils se trouvaient dans la petite maison des eaux, et Charles, se plaçant devant l'harmonica en tira des accords qui charmèrent tous les auditeurs, mais principalement Rabette, qui, suivant le musicien dans toutes les variations qu'il exécutait, tantôt riait aux larmes et tantôt sanglotait. Son émotion finit par la maîtriser au point que, craignant qu'on ne rît d'elle, elle quitta le pavillon. Liane la suivit... — O cœur naïf, lui dit-elle, n'aie pas honte de donner un libre cours aux sensations que tu éprouves... Viens dans mes bras, bonne sœur, et lorsque tu pleureras je te promets d'essuyer tes yeux avant les miens.

Albano arriva, et contempla avec ravissement ce tableau si gracieux.

—Vous avez une bonne sœur, lui dit Liane, et je veux l'aimer comme son frère. Ces mots si doux mirent le comble à l'émotion de Césara, et il ne put s'empêcher de serrer dans ses bras ce couple qui venait de faire vœu d'amitié ; dans le mouvement qu'il fit pour embrasser Rabette, les cheveux de Liane touchèrent ses joues : ce contact eut quelque chose d'électrique, et tous deux se reculèrent en rougissant.

Il éprouvait le besoin d'être seul ; la société, quoique choisie, lui pesait : il s'enfonça dans une allée couverte, et bientôt il n'eut plus que la nature pour témoin... Liane ! disait-il, et les arbres et les fleurs semblaient lui répéter : Liane !..

Il se trouva bientôt sur le pont romantique, où son cœur avait éprouvé déjà de si douces émotions... Le père Spener y était endormi. Quel tableau sublime que celui d'un vieillard qui sommeille ; quelle majesté, quelle douceur dans ces traits que le repos a rendus si touchans !

Il parlait sans qu'on pût comprendre les mots qui s'échappaient de ses lèvres... Albano voulut se retirer avant que les rayons de la lune, tombant d'aplomb sur ses paupières, ne le réveillassent ; mais il résolut auparavant de cueillir quelques branches de laurier pour en couronner le maître de Liane ; il alla dans le bois voisin : à son retour les yeux du vieillard s'ouvrirent, et en l'apercevant il s'écria : Justus, est-ce toi? — Il prit sans doute Albano pour une apparition du vieux prince son ami, avec lequel il s'entretenait dans ses songes.

Mais il revint bientôt du monde intellectuel dans le monde véritable, et, à la surprise de Césara, il l'appela par son nom. Le jeune homme lui prit les mains, et, les serrant avec tendresse, lui témoigna toute la vénération qu'il éprouvait pour lui. Spener répondit à ces démonstrations avec ce calme des vieillards qui ne s'émeuvent de rien parce qu'ils ont vu beaucoup de choses. Cette froide impassibilité des traits, cette démarche si jeune d'un corps déjà glacé par l'âge, dont la tête portait le poids des années comme une couronne de fleurs ; ce mélange singulier de l'ancienne ardeur de l'homme et de la tendre grâce de la femme, tout cela le faisait apparaître devant Albano comme un de ces prophètes inspirés de l'Orient ; comme un de ces larges fleuves qui se sont précipités à travers les Alpes de la jeunesse, et qui parvenus dans une prairie unie y roulent majestueusement leurs flots jusqu'à ce qu'une main imprudente jette des rochers sur leur passage et leur fasse retrouver toute leur furie en leur créant des obstacles.

Le vieillard proposa à Césara de l'accompagner dans sa modeste retraite; il y consentit de grand cœur. Dans le chemin Spener engagea le jeune homme à lui raconter sa vie passée et présente, et il écouta avec la plus grande attention ce récit déjà si plein d'intérêt. Ils arrivèrent devant une ouverture ou chemin souterrain, Spener prit la main de son compagnon et lui dit:

— Venez, nous allons monter à ma demeure de la montagne. » Mais, au grand étonnement d'Albano, ils descendirent toujours au lieu de monter... Dans le lointain on entendait les murmures du ruisseau de la prairie, et pourtant les rossignols semblaient chanter tout près de là... Ils entrèrent dans un bosquet délicieux où brillait une lumière vive et blanche : c'étaient les rayons de la lune qui tombaient sur des lis. Césara entra dans ce bosquet, les yeux presque éblouis par cette clarté nouvelle, et il aperçut l'œil du vieillard dirigé vers le côté gauche du bosquet : il regarda du même côté, et il vit un homme âgé, ressemblant parfaitement au prince défunt, qui se hâtait de se soustraire aux regards, en disparaissant dans une caverne voisine. La main d'Albano trembla, et celle du vieillard aussi; ce dernier doubla le pas, ils arrivèrent bientôt sous une voûte d'étoiles : au-dessus était le ciel et au-dessous d'eux cette terre dans le sein de laquelle Albano avait cru descendre.

— Qu'est cela? demanda-t-il, suis-je dans la terre, ou loin de la terre?.. Ne viens-je pas de voir un mort?...

Spener répondit avec plus de bienveillance qu'il n'en avait encore témoigné au jeune homme. — C'est Lilar : derrière nous est ma petite maison. Et il lui expliqua l'illusion de la descente [1]. — C'est ici, continua-t-il, que plusieurs milliers de fois, je me suis réjoui du spectacle des œuvres de Dieu... Quelle ressemblance t'a offerte la forme que tu as aperçue, mon fils?

[1] Weigel, d'Iéna, inventa le pont à rebours (pons heteroclitus), espèce d'escalier où l'on monte en croyant descendre.

— Celle du vieux prince, dit Albano.

Le vieillard laissa percer un peu de confusion, puis il ajouta tous bas : — Tais-toi comme moi jusqu'à ce qu'il soit temps de parler : ce n'était point le prince...Ton salut, et le salut de beaucoup en dépendent...Ne suis plus d'aujourd'hui le chemin que nous venons de parcourir.

Albano, à moitié irrité de ces mystères qui le suivaient partout, répondit : — C'est bien, je perdrai la route du Tartare... Mais que signifient ces apparitions qui me poursuivent?

— Tu as des amis invisibles autour de toi, dit Spener en posant un doigt sur le front du jeune homme, repose-toi du reste sur Dieu... Il y a beaucoup de chrétiens qui disent que Dieu est près, ou qu'il est loin, ou bien que sa sagesse et sa bonté se manifestent plus particulièrement dans tel siècle que dans tel autre : c'est une imposture, mon fils... N'est-il pas l'image de l'amour immuable et éternel, et ne nous protége-t-il pas, ne nous bénit-t-il pas, ne nous aime-t-il pas autant dans une heure que dans une autre? de même que nous devrions appeler éclipse de terre une éclipse de soleil, de même c'est l'homme qui s'entoure de ténèbres, et non le Tout-Puissant ; mais nous ressemblons au peuple qui observe dans l'eau une éclipse de soleil : lorsque l'astre s'agite sur ce miroir poli, mais mobile, l'homme dit : Voyez comme le soleil combat !

Spener fit quelques pas avec Albano, et lui montrant du doigt la petite maison du Tonnerre, qu'on appelait ainsi parce que la foudre y tombait souvent, il lui conseilla de l'habiter tout l'été. Lorsqu'il fut parti, le jeune homme le suivit de loin, s'attendant à chaque instant à le voir s'abîmer dans la terre, ou s'élever vers le ciel; puis, quand il fut seul, il songea à toutes les épreuves qui lui étaient réservées ; et il se sentit assez de force pour les subir ; seulement il s'écria : O mon Dieu, donne-moi Liane !...

Le ciel se couvrit : les nuages brillans que, tout à l'heure, Albano avait pris pour de hautes montagnes d'un autre monde, avaient fait place à d'épaisses nuées noires, et celles-ci passèrent sur la lune et la voilèrent.

TREIZIÈME PÉRIODE DU JUBILÉ.

SOMMAIRE.

Amour de Roquairol. — Projet de départ. — Tête-à-tête enharmonique. — Départ pour Blumenbühl.

CYCLE LX.

Le vieux Magicien, qu'on appelle le Sort, se préparait à se servir des larmes versées par Rabette, pendant la séance d'harmonica, pour en composer un philtre et évoquer peut-être de noirs fantômes. Car Roquairol avait vu ces larmes, et cette preuve de sensibilité, donnée par un cœur que n'avaient point encore contaminé les romans, avait réveillé en lui un de ces sentimens purs auxquels depuis longtemps il s'était fait une loi de renoncer. Depuis la nuit du serment il avait brisé les indignes chaînes qui l'enlaçaient, et il était redevenu digne d'inspirer et d'éprouver un amour vrai et innocent. Il résolut de mettre Rabette à l'épreuve. Le Talmud défend de demander le prix d'une chose quand on ne veut point l'acheter; mais les Roquairol marchandent tout,... ils vont plus loin : ils brisent une ame, comme les enfans séparent en deux une abeille, afin de sucer le miel qu'elle renferme. Ces hommes ont deux des qualités de l'anguille : l'agilité et la force; avec l'une ils s'échappent, avec l'autre ils enlacent le bras et le cassent.

Il se montra à ses yeux sous ses traits de Protée, il attaqua son cœur par tous les côtés à la fois; il enchaîna successivement le sérieux à la plaisanterie, la chaleur au brillant, le grand au petit, la force à la douceur... Malheureuse!.. te voilà maintenant à lui : il t'arrache à ton plancher solide et t'entraîne dans les plaines de l'air sur ses ailes de vautour;... mais quand il t'aura élevée bien haut, il te rejettera sur la terre, et te brisera!.. Comme une plante qui croît au pied d'un paratonnerre, tu t'attacheras à lui de toutes tes forces, tu grandiras, tu fleuriras contre lui; mais il attirera la foudre sur toi, elle brûlera tes fleurs et tes racines.

Rabette n'avait jamais rêvé, encore moins

vu un homme comme Roquairol; il s'empara en maître de son cœur, et s'y promena comme un vainqueur dans un pays conquis. L'amitié de Liane pour Charles contribuait à allumer cet amour; car toutes deux parlaient ensemble et toujours de leurs frères. Elle était bien changée, la pauvre Rabette!.. Elle riait encore, mais cette gaieté, qui lui était naturelle autrefois, ne lui servait maintenant qu'à cacher les soupirs dont son cœur était plein.

Liane, se trouvant un jour avec Roquairol, lui raconta qu'elle avait été obligée, en échange de l'histoire de la jeunesse d'Albano qu'elle devait à Rabette, de lui faire part à son tour de l'aventure tragique de la Redoute, et même de lui montrer ses habits sanglans. — Mais elle pleura, dit-elle, de toutes ses forces, comme si elle eût été ta sœur... O quel cœur que le sien !..

C'était de l'huile jetée sur de la flamme : il serra dans ses bras la bonne Liane, avec toutes les marques de la plus grande joie. — Es-tu donc heureux? lui demanda-t-elle d'un ton triste.

Roquairol, que cette question avait étonné, insista pour que sa sœur s'ouvrît entièrement à lui, et il finit par apprendre qu'elle savait tout ce qui s'était passé dans le Tartare la nuit du bal masqué, et même qu'une voix mystérieuse avait promis à Césara Linda de Romeiro. Elle se refusa obstinément à avouer de qui elle tenait ce secret, et Charles se convainquit que le lecteur Augusti seul avait pu lui en faire confidence.

— Et tu crois, lui dit-il, qu'il est possible que quelque chose sépare mon cœur de celui de mon Albano, de mon frère?.. Oh! jamais? Il méprise les apparitions et s'inquiète peu de leur but... Il m'aime, et je ne serai heureux que lorsque je lui aurai prouvé toute l'amitié que j'ai pour lui!..

Liane se hâta de l'interrompre et de lui dire : — Ne parle pas ainsi des apparitions : il y en a, je le sais... seulement il n'est pas besoin d'en avoir peur.

Elle le quitta sans vouloir lui apprendre sur quoi elle fondait sa croyance, et Roquairol se hâta de chercher Albano pour lui révéler l'étrange trahison d'Augusti.

CYCLE LXI.

.

Avant que le capitaine eût rejoint son ami, celui-ci était déjà en état d'hostilité avec ses deux compagnons, Schoppe et Augusti.

Le premier tort du bibliothécaire aux yeux de Césara, était de déplaire à Roquairol; le second, qu'on pardonne rarement, de dire librement ce qu'il pensait; le troisième, qu'un Albano ne pardonne jamais, une grande intolérance pour les femmes, et surtout pour les passions violentes qu'elles inspirent. Plus d'une fois il avait dit que l'amour ressemblait aux pommes de terre : qu'il y avait quatorze manières de l'accommoder. Ces trois torts étaient assez graves pour détruire l'amitié superficielle qui existait entre ces deux hommes.

Voici comment avait pris naissance ce refroidissement d'Albano pour Schoppe. Un jour Roquairol, dans un de ces accès de désespoir auxquels il était assez sujet, s'était écrié tragiquement devant le bibliothécaire :

— Oh ! je n'ai été compris que de bien peu d'hommes dans ma jeunesse !

Il ne dit pas un mot de plus ; mais qu'on essaie de jeter quinze guêpes, trente écrevisses ou bien une poignée de fourmis des bois sur la peau de Schoppe, puis, qu'on observe l'effet des piqûres, des pinçures et des morsures ; et l'on aura alors une espèce d'idée de ses frémissemens convulsifs aussitôt que la phrase susdite eut atteint son oreille.

— Monsieur le capitaine, dit-il en respirant péniblement, je supporte beaucoup de choses sur cette terre : la faim, la peste, la cour, la pierre et les sots d'un pôle à l'autre ; mais votre phrase est trop lourde pour mes épaules. Monsieur le capitaine, il faut que vous fassiez un singulier emploi des formes du langage pour n'être pas compris. Mais, de par tous les diables, j'entends tous les jours 30,000 abonnés et abonnées des cabinets de lecture, s'écrier du fond de leur gosier que personne ne les comprend, ni leurs grands-pères, ni leurs parrains. ni même le magister ; et les malheureux rongeurs de papier ne se comprennent pas eux-mêmes. Monsieur de Froulay, j'ai souvent attribué à l'absence d'un sentiment noble cette prétendue élévation d'ame, que je compare aux queues des chevaux anglais, lesquelles ne se lèvent vers le ciel que parce qu'on en a coupé le nerf. N'y a-t-il pas de quoi devenir fou d'entendre et de lire tous les jours comme quoi les ames les plus vulgaires s'imaginent que l'amour les élève au-dessus de tout le monde, comme les chats qui croient voler parce qu'on leur a attaché des vessies ? Rien n'est assez bon pour eux, cet univers ne leur suffit pas, ils s'en créent un autre dans lequel ils divaguent et vagabondent jusqu'à ce qu'ils soient tombés dans le mariage ; alors tout est fini : ils se tiennent cois et parlent comme les premiers venus. Puis, s'ils deviennent veufs ou veuves, ils font l'amour tout bonnement sans recourir à une langue ou à un univers fantastiques. Qu'ils aillent au diable !

Albano pouvait-il aimer long-temps un homme qui parlait avec tant de mépris de l'amour ?

Quant à la chaîne qui unissait Albano à Augusti, ce dernier en brisait tous les jours un anneau. Le comte trouvait en lui cet amour des petites choses qui lui était si antipathique ; cette élégance courtisanesque qu'il méprisait ; ces manières guindées même dans le tête-à-tête, qui excluent toute intimité ; cette habitude de cacher les petits mystères avec autant de précaution que les grands, qui semble l'apanage d'une ame étroite ; cette froideur enfin que ne pouvaient altérer aucun élan passionné, aucun de ces événemens qui remuent les cœurs jusque dans leurs fondemens. Le moyen que Césara aimât cet automate ! Mais le plus sérieux de tous les griefs du jeune homme était sans aucun doute la haine du lecteur pour Roquairol ; haine qui lui était venue parce qu'il avait été témoin des larmes qu'il avait coûtées à sa mère et à sa sœur, et de l'argent que son père avait dépensé pour lui ; en outre il était persuadé que Charles lui avait dérobé l'amitié d'Albano.

Il chercha, tout à la fois avec adresse et avec bonhomie, à dessiner devant le comte une carte des taches de cet autre Jupiter ; mais Albano déchira cette carte : les aveux de Charles lors de la soirée passée dans la cave de Ratto, avaient émoussé d'avance pour lui les traits de la médisance; d'ailleurs notre héros avait pour maxime qu'on doit couvrir de son manteau tous les défauts d'un ami, et se confier entièrement à lui : que pouvait dès-lors l'entremise officieuse d'un tiers? Oh! c'est une époque sublime que celle où l'homme trouve encore pour l'autel de l'amitié et de l'amour, une victime et un prêtre sans tache; et c'en est une horrible que celle où le cœur, souvent trompé, pressent, au moment même du plus intime épanchement, qu'il y a des crimes dans le cœur contre lequel il bat!

A chaque moment le jeune comte et le lecteur étaient sur le point de se séparer ou d'aller sur le terrain : car ce dernier avait trop d'honneur pour craindre qui que ce fût, et il aurait risqué aussi aisément son sang tranquille que Césara son sang bouillant.

Pour mettre le comble à cette inimitié, Charles révéla à son ami que Liane connaissait tous les mystères de la nuit du Tartare, et Albano pensa que cet Augusti, ordinairement si discret, devait avoir eu des motifs bien puissans et bien personnels pour tout confier ainsi à Liane. Aussitôt le ver de la jalousie, qui existe toujours, mais qui dort quelquefois dans le cœur de l'homme, commença à ronger celui de notre héros; d'ailleurs l'amant qui aime seul est toujours plus violemment jaloux que celui dont l'amour est partagé. Dieu sait s'il ne fut pas sur le point de voir dans le lecteur le nécromancien en chef qui faisait agir les ressorts secrets de son existence.

Ses réflexions furent interrompues par un billet de Rabette qui lui annonçait que le samedi suivant elle retournerait dans sa famille, le ministre de Froulay étant attendu pour ce jour-là. Ce brusque départ, qui allait rendre moins faciles et moins fréquentes ses entrevues avec la sœur de Roquairol, le décida à profiter de la première minute où il serait seul avec elle pour lui ouvrir son cœur.

CYCLE LXII.

Les hasards se croiserent d'une façon assez bizarre, le jour où Albano se rendit dans la maison du ministre pour y faire ses adieux à Rabette, et peut-être, pensait-il, à Liane. Rabette l'aperçut de sa fenêtre et lui fit signe de la joindre dans sa chambre. Elle lui dit qu'elle et sa famille devaient assister le samedi suivant avec Liane et sa mère à l'inauguration de l'église de Blumenbühl et à l'inhumation dans le sépulcre royal des restes du prince et de sa femme. Il la pria avec tant de vivacité de lui préparer un tête-à-tête d'une minute avec Liane, qu'il n'entendit pas l'agréable nouvelle que Rabette allait lui apprendre; il aurait su sans cela que sa bien-aimée devait séjourner quelque temps à Blumenbühl. Mais il la quitta brusquement dans la crainte qu'elle ne le refusât, et, comme pour faire pénitence du bonheur dont il espérait jouir, il alla rejoindre la société qui était occupée à examiner des tableaux que le chevalier de Bouverot avait reçus de Dian. Mais cet examen lui parut bien long, bien ennuyeux, et, apercevant dans une allée du jardin Liane et Rabette, il se hâta de se rapprocher d'elles.

Les deux jeunes filles étaient assises sur un banc de gazon, et, lorsque Albano arriva, Liane faisait le tableau des plaisirs dont elle jouirait à Blumenbühl, des longues promenades qu'elle ferait avec Rabette; puis ses yeux s'animaient en parlant de la belle oraison funèbre que prononcerait à l'église le père Spener, car c'était lui qui devait officier lors de l'inhumation des deux époux qui étaient descendus, presqu'en se tenant par la main, des marches du trône au sépulcre.

Rabette n'avait l'esprit occupé dans ce moment que d'une seule chose, à savoir de procurer à son frère la minute qu'il lui avait demandée. Saisissant l'occasion d'une pause, elle proposa à Liane, après avoir fait à Albano un signe d'intelligence, d'aller dans la petite maison des eaux, pour y jouer une dernière fois de l'harmonica. Pendant ce peu de mots, notre jeune homme, pour se donner un maintien, cueillit un gros bouquet... de feuilles d'arbre. Liane objecta la crainte de porter atteinte à la gaieté de Rabette, qui ne pouvait jamais entendre cet instrument sans être émue; mais celle-ci tint bon, et on prit le chemin de la petite maison.

Liane se prépara à jouer; mais l'eau, cette colophane de l'harmonica, manquait. Rabette se hâta de s'offrir pour en aller chercher, mais Albano (avec cette stupidité ordinaire aux amans, et qu'on ne saurait expliquer que par analogie, en la comparant à la mauvaise habitude qu'ont bien des gens, lorsqu'ils vont se faire arracher une dent, de marcher doucement et de s'amuser le plus long-temps en route afin de retarder l'opération), proposa fort poliment ses services et courut puiser de l'eau. Force fut donc à la pauvre Rabette d'inventer un autre moyen, et elle n'en trouva pas d'autre que de manifester le désir de juger de l'effet lointain de l'harmonica; pour cela elle descendit dans le jardin. Liane ne la retint pas, parce qu'elle crut qu'elle voulait laisser couler ses larmes sans être vue, et elle s'écria : — Pauvre fille, comme elle est sensible!... Albano, qui rougissait en lui-même de la ruse qu'on employait, ne put prendre sur lui d'acquiescer à ce que disait l'innocente jeune fille.

Il restait là debout devant elle, s'enivrant de sa vue et des sons mélodieux qui s'échappaient de ses doigts; une fois elle leva les yeux vers lui, mais, confuse de l'expression qu'elle vit dans ceux d'Albano, elle les reporta bien vite sur son instrument.

Les tourbillons magnétiques de l'harmonica et de l'amour enveloppaient Césara dans des cercles, de seconde en seconde plus étroits... Soudain l'éclair de la passion délirante illuminant les montagnes de son avenir et les cavernes de son passé, il n'hésita plus à jouer tout son bonheur d'un seul coup, et, saisissant un moment où Liane levait les yeux pour en laisser échapper une larme, il s'empara de sa main, et s'écria avec un accent où se peignait tout le feu qui brûlait son cœur :

— O Liane?...

Elle trembla, rougit, le regarda, sans s'apercevoir qu'elle pleurait toujours, et elle balbutia sans savoir quels mots elle employait :
— Non, Albano, non... Puis elle voila sa figure de ses mains... et ajouta d'une voix émue :
— Vous avez un noble cœur... vous êtes comme mon Charles, mais impétueux comme lui... Écoutez une seule prière... Je quitte la ville pour quelque temps....

L'effroi de Césara ne peut se comparer qu'à son ravissement lorsqu'il apprit que le but de ce voyage était Blumenbühl... Elle continua d'une voix tremblante, et jouant faux sans s'en apercevoir : — Soyez tout pour mon frère, qui vous aime plus qu'il n'a jamais aimé personne... Ma mère sait l'influence que vous exercez sur lui... Arrachez-le, je vous en supplie, à son horrible passion pour le jeu.

A peine avait-il prononcé le mot *oui*, que Rabette accourut pour prévenir le jeune couple que madame de Froulay se dirigeait vers le pavillon. Sans doute elle avait remarqué que Rabette était seule... Il se hâta de quitter les jeunes filles, et la bonne mère, en rencontrant Albano encore tout ému, attribua son émotion au chagrin qu'il éprouvait de se séparer de sa sœur.

Il pensait, lui, à ce riche avenir qui s'ouvrait devant lui, à l'hésitation et à l'attendrissement de Liane. Les ames des femmes n'ont-elles pas besoin, comme l'ange devant le prophète, de deux ailes seulement pour s'envoler, mais de quatre pour se voiler?... Ah! le vaste Océan de la vie était là pour Albano, avec toutes ses vagues; mais sur les flots il apercevait des lames phosphorescentes et des étincelles jaillissaient du gouvernail.

CYCLE LXIII.

Le samedi qui devait voir se passer tant d'événemens importans était enfin venu, et le capitaine Roquairol, tant pour son propre compte que pour celui de son ami, hâtait tous les préparatifs de départ; il redoutait un grand malheur, dont je vais faire part à mes lecteurs.

Il craignait que la voiture de son père n'arrivât avant que celle de sa mère fût partie ; car il connaissait à fond le caractère du ministre. D'après les lettres de ce dernier, il annonçait qu'il serait de retour le lundi, le mardi, ou au plus tard le samedi ; mais comme il aimait à laisser à sa famille un large espace d'attente : comme (de même que les montres de Bâle), il avançait toujours d'une heure, afin de se nourrir de l'espoir de trouver quelqu'un en faute, rien n'était plus probable que de le voir arriver à chaque minute. Or, apparût-il au moment où le domestique tournerait le bouton de la portière de la voiture de sa femme; il n'était pas douteux que les convenances lui offriraient mille et un prétextes pour faire déballer tous les paquets et descendre sa femme et sa fille du carrosse, sauf à y renfermer toute seule la pauvre Rabette. Il existe certains hommes, et celui dont je parle est leur généralissime, qui ne connaissent pas de plus grand bonheur que celui de fermer au nez des leurs la porte d'un paradis, et d'y apposer leur sceau pour qu'on n'y puisse plus entrer.

A six heures de l'après-midi, nos deux amis allèrent se promener hors de la ville. Il avait été convenu que Charles ne partirait que le lendemain et qu'Albano attendrait le retour de madame de Froulay pour se rendre à Blumenbühl.

Le ciel était pur et sans nuage, la crainte seule du retour du ministre troublait la joie des jeunes gens... Enfin ils aperçurent la voiture qui renfermait la trinité féminine, galoppant du côté de la maison du vieux directeur de Wehrfritz, précisément au moment où le vieux de Froulay faisait, par une autre porte, son entrée dans la ville des Tilleuls.

QUATORZIÈME PÉRIODE DU JUBILE.

SOMMAIRE.

Albano et Liane.

CYCLE LXIV.

Albano prit possession, le dimanche qui suivit le départ de Liane pour Blumenbühl, de sa petite maison du Tonnerre.

C'était une délicieuse matinée : une odorante rosée couvrait la terre, un vent frais agitait les épis dans les plaines de Lilar; le soleil montait sur son char. La foule allait et venait déjà sur la route de Blumenbühl; il aperçut sur la montagne la plume blanche de son ami : Charles était là pour guetter Albano.

Tous les préparatifs étaient achevés : la maison du Tonnerre n'attendait plus que son nouveau locataire. Une *Sœur servante* du vieux Spener faisait depuis une heure la cuisine chez la bonne Chariton, afin d'avoir le plaisir de voir passer le comte. La jeune Grecque se hâta d'aller au-devant de lui pour le prévenir que tout était prêt, et pour lui demander s'il voulait qu'on lui portât son dîner.

Il se trouva bientôt dans l'escalier magique qu'il avait gravi avec Spener. Dans le bosquet mystérieux où lui avait apparu le vieux prince, il ne vit plus qu'une niche vide. Il en sortit comme des entrailles de la terre. Sa petite maison était là, sur le versant de la montagne; autour d'elle gisaient des collines, ces éléphans de la terre, et le magnifique Lilar s'élevait au milieu des fleurs.

Il lui fut impossible de rester long-temps à la fenêtre, quoiqu'il eût pour voisine la harpe éolienne; les livres, qui emprisonnent le regard; les livres, ces cachots des yeux, n'eurent pas plus de pouvoir sur lui : il lui fallait des bois, des rêveries et des montagnes. Il sortit.

Il est parmi les jours ouvrables de la vie, des jours où l'arc-en-ciel de la nature ne nous apparait que brisé ou semblable à un bloc informe jeté sur l'horizon; et de ces jours de fête où elle revêt une forme gracieuse, où elle devient pleine de vie, où elle nous parle comme si elle était une ame. Pour la première fois, Albano voyait luire un . de ces jours-là pour lui. Ah !.. plus d'une année se passe sans leur apparition !.. Pendant qu'il se promenait sur le revers de la montagne, le vent du nord-est s'engouffrait avec force dans ses cheveux, et il était content ; car, pour lui, un paysage sans vent ne ressemblait qu'à une tapisserie clouée sur un mur. Les arbres voisins secouaient leurs rameaux comme des oiseaux qui sortent du bain : dans le lointain, les forêts semblaient des armées en bataille, la lance en arrêt. Dans les plaines bleues de l'éther, nageaient majestueusement de petits nuages blancs, îles argentées; et de grandes ombres se découpaient colossalement sur les rivières et sur les montagnes. Dans la plaine, la Rosana serpentait avec ses flots où se miraient les rayons du soleil, et courait se perdre dans un massif de chênes ; le cygne y détirait voluptueusement ses blanches ailes, et sur une branche voisine deux tourterelles parlaient d'amour. Plus loin surgissait des hautes herbes, comme un magnifique bouquet de fleurs choisies, le cou diapré du paon. Il s'enfonça sous des chênes dont les racines et les bras noueux enlaçaient, les unes la terre et les autres le ciel.

Il trouva en rentrant dans sa nouvelle demeure la *Sœur servante* du père Spener, qui préparait son dîner, et l'aimable Chariton qui en surveillait les apprêts.

Cette charmante épouse de Dian avait aisément deviné l'amour d'Albano pour Liane, car il est possible de cacher tout aux femmes, la haine, même :... l'amour, jamais. Elle le conduisit dans la chambre de la sœur de Charles... délicieuse chambrette aux fenêtres entourées de vigne, où l'on respirait un parfum tout céleste; d'un côté, quelques volumes de Fénelon et de Herder, de l'autre des fleurs fanées restées dans les verres pleins d'eau où on les avait placées; ici de petites tasses chinoises; là le portrait de Julienne et celui d'une amie morte récemment, qui s'appelait Caroline. Ainsi passaient devant Césara ces heures virginales, écoulées dans le calme et dans l'innocence, ces chastes matinées de la vie de la jeune fille.

Lorsqu'Albano eut vu, touché, puis revu et retouché chaque objet, il manifesta le désir de contempler aussi la chambre de son ami Dian; cette demande lui fut refusée, parce que, dit Chariton, son maître le lui avait défendu. Il eut beau insister, elle persista dans son refus, quoiqu'il fût facile de s'apercevoir qu'il lui en coûtait beaucoup.

Le soir, plusieurs personnes qui étaient allées à l'église de Blumenbühl firent de grands éloges de la manière dont avaient eu lieu l'inauguration et l'inhumation. Albano n'entendait rien, car il pensait que le lendemain il serait près de Liane et que peut-être il n'aurait plus dans son cœur une pensée qu'elle ne connût.

CYCLE LXV.

Albano fit pour la seconde fois cette route qu'il avait parcourue de nuit, en allant de Blumenbühl à la montagne de Lilar pour y voir le lieu qu'habitait Liane (23ᵉ cycle) ; seulement il la fit en sens inverse. Il se dirigeait encore vers un élysée, le lieu où respirait la jeune fille ? Que de restes de bonheur il retrouva enfouis dans cette terre romaine du passé, quelle riche fouille de souvenirs sa mémoire y creusa!... Voilà ce petit enclos entouré d'aulnes où il se promenait sur le dos du cheval du directeur, avant qu'on ne réintégrât le coursier dans l'écurie ; voilà la cour du château, puis ses quatre murs et ce toit qui recéla tant de bonheur domestique.

Il retrouva tous les êtres chers à son cœur, excepté Liane, dans le muséum du vieux Wehrfritz, qui, aimant les jeunes gens et la conversation, avait pour habitude de réunir son monde pour déjeuner dans son cabinet de travail. Albano crut un instant que madame de Froulay avait emmené sa fille avec elle ; mais ses craintes furent dissipées bientôt par Roquairol. Il sut que la double cérémonie de la veille avait tellement ébranlé son ame que, forcée de cacher extérieurement à sa mère, pour ne pas l'inquiéter, les vives impressions qu'elle recevait, une horrible migraine était devenue la conséquence obligée de cet effort sur elle-même. Qui, en effet, aurait pu voir, sans être ému, ce vénérable Spener, si éloquent par l'énergie concentrée de son ame, abaissant sur le couple inanimé les yeux qui n'avaient plus de larmes pour les choses de ce monde, puis relevant vers le ciel cette tête blanche qui n'aspirait plus qu'à l'étoile polaire de l'éternité ; noble vieillard qui, contemporain déjà des siècles futurs, de même que le pôle ne voyait plus aucune étoile se lever ni se coucher, et dont la douce philosophie faisait pleurer le cœur sans faire pleurer ses yeux !

Pendant que Charles expliquait ainsi à son ami l'absence de sa sœur, celle-ci entra dans l'appartement ; la robe blanche qu'elle portait rendait plus visible encore la pâleur de ses joues dont les roses s'étaient flétries ; mais, lorsqu'elle eut aperçu Césara, ces boutons se rouvrirent et son visage se couvrit d'une vive rougeur.

Elle lui demanda pourquoi il n'avait pas assisté à la solennité de la veille, et lui fit part du projet formé par la société d'aller rendre visite au père Spener, auquel elle destinait le beau bouquet de roses naines qu'elle tenait à la main. Personne ne doutera de l'empressement avec lequel il s'offrit pour faire sa partie dans cette promenade. Que de gens heureux renferme souvent un seul toit !

La bonne Rabette, toute radieuse de bonheur, partageait également ses soins entre le frère et la sœur. Combien elle semblait plus jolie à Roquairol depuis que, cédant à ses instances, elle s'était décidée à reléguer dans l'armoire sa toilette blanche de ville, pour revêtir le costume brun de la campagne.

La matinée s'écoula bien rapidement pour Albano. On le conduisit dans toutes les parties de la maison, afin de lui faire remarquer les changemens qui y avaient été introduits ; aucun ne lui plut davantage que celui de la chambre de travail, qui, après avoir été occupée par Rabette, était devenue, depuis la veille, le boudoir de Liane. Qu'il fut heureux en revoyant ces fenêtres d'où, si souvent dans ses poétiques illusions, il avait évoqué un père, un ami, un amant invisibles. Sur les vitres on voyait encore les lettres L et R, tracées jadis par sa main d'enfant... il y en avait beaucoup, et Liane lui demanda quel nom désignaient les R.

— Roquairol, répondit-il. Elle ne crut point nécessaire de pousser l'enquête plus loin et de s'informer de ce que signifiaient les L.

Les deux jeunes filles s'étaient fraternellement partagé la jolie chambre, et il eût été difficile de deviner laquelle des deux donnait ou recevait l'hospitalité. J'ai souvent envié la manière de vivre toute nomade, tout arcadienne des demoiselles; ces oiseaux de passage s'abattent tout à coup dans une maison, y cousent, y brodent et y rient tout à leur aise pendant une couple de mois ; on dirait de nouveaux scions sortis du vieux tronc de la famille. Mais nous, pauvres oiseaux casaniers, nous ne pouvons pas nous acclimater aussi facilement ; on ne nous considère jamais comme indigènes, et, au bout de quelques jours, nous nous envolons. Comme nous sommes formés de matériaux plus aigres, nous nous fondons difficilement dans le creuset de la famille ; comme nos exigences s'égalent à notre activité, nous sommes sujets à demander plus qu'on ne peut accorder, et il en résulte qu'un beau jour on nous donne notre congé sans que notre honneur en reçoive la moindre tache.

Au bout d'une demi-éternité de toilette (car, dans le voisinage de l'objet aimé, une heure d'absence semble plus longue qu'un mois loin de lui), les deux amies furent prêtes à partir. Comme ces roses entrelacées dans les cheveux noirs de Rabette lui allaient bien !.... Et Liane... mais non, je ne parlerai point de cette sainte ! Elle était si ravissante que le vieux directeur de Wehrfritz ne put s'empêcher de lui dire, en la voyant arranger son voile blanc sur sa tête : — Belle comme un ange, comme une jeune nonne !...

Elle répondit :

— Ah ! j'ai dû autrefois en devenir une, avec une amie bien chère, mais je prends le voile plus tard qu'elle.

Il y avait quelque chose de singulier dans le ton avec lequel elle prononça ce peu de mots.

Le changement qui s'était opéré dans les manières d'Albano étonnait ses parens adoptifs ; ils l'attribuèrent au séjour qu'il avait fait à la ville, comme si Charles ne vivait pas depuis plus long-temps dans cette atmosphère. Non, non, c'était l'amour, cette école italienne de l'homme, qui avait opéré cette métamorphose. L'être le plus élevé et le plus énergique est aussi le plus susceptible de tendresse, de même que les fruits mûrissent mieux et ont une saveur plus délicate sur les grands arbres que sur les petits.

Pauvre Albano, tu montes dans la voiture sans savoir si elle deviendra pour toi le char du prophète Élie ou celui de Phaéton ; si elle te conduira dans le ciel ou si elle t'en précipitera.

CYCLE LXVI.

La voiture qui renfermait les quatre jeunes gens traversa avec rapidité le village... Comme l'immensité du ciel et l'étendue de la terre dilataient la poitrine oppressée du jeune comte! Le portique de la vie, la jeunesse, était tendu de fleurs et illuminé pour lui. Ils passèrent au bas de la montagne devant l'arbre sur l'une des branches duquel il s'était une fois balancé dans les jours arcadiens des premières années de sa vie; il revit ce berceau aérien d'où ses bras d'enfant avaient voulu saisir le ciel... Ils côtoyèrent ce petit bois de bouleaux dont son imagination avait fait alors une forêt si épaisse, si large. Arrivés derrière la vallée des Flûtes, ils mirent pied à terre et renvoyèrent la voiture.

Le paysage se déroula bientôt à leurs yeux plus magique que jamais; à leurs pieds une belle terre, sur leurs têtes un beau ciel... Le soleil blanc et pur nageait comme un cygne sur les nuages d'azur; les champs et les villages se jouaient au pied des monts; un vent léger agitait les hauts épis de la plaine, qui semblaient les flots d'un lac; et aux confins de l'horizon s'élevaient majestueusement les mâts des navires qui sillonnaient le Rhin.

Albano était muet à force de bonheur, et marchait à côté de Liane, dont la physionomie paraissait empreinte d'une teinte plus mélancolique que de coutume. Tout à coup, comme ils passaient dans une allée voisine de la vallée, elle dit au jeune comte qu'elle entendait le son des flûtes. A peine avait-il eu le temps de lui répondre que son oreille n'était frappée que du roucoulement lointain des tourterelles, lorsqu'il s'aperçut d'une soudaine révolution dans ses traits; ses yeux étaient levés vers le ciel, elle souriait à un être invisible qui lui parlait sans doute. Quelques secondes après, elle se tourna en rougissant du côté de Césara, et lui dit : — Je veux être sincère avec vous ; cette musique que j'entends est en moi ;... ayez de l'indulgence pour ma faiblesse,... tout cela vient d'hier.

— Moi ! de l'indulgence pour vous ?... s'écria-t-il avec un accent passionné.

Mais Liane, embarrassée du feu que ses paroles avaient allumé, se mit à parler de son amie Caroline qui lui apparaissait souvent dans ses promenades. — Je recherchai d'abord sa société, dit-elle, parce qu'elle ressemblait à ma Linda. Elle devint mon institutrice, quoiqu'elle ne fût que de quelques semaines plus âgée que moi ; ses sentimens pieux, son caractère si ferme et pourtant si résigné, qui l'avaient décidée à se sacrifier en silence et avec joie, faisaient d'elle, même pour sa mère, un objet de vénération. Jamais on ne la vit pleurer, toute sensible et affligée qu'elle était, afin de ne pas désoler sa mère. Nous avions résolu de prendre ensemble le voile, pour ne point nous séparer ; elle me disait que je n'atteindrais pas la vieillesse, et que je devais employer à me préparer pour l'autre vie le peu de jours qui me restaient de celle-ci. Hélas! ce fut elle qui mourut la première. Les longues nuits passées au chevet du lit de sa mère malade, et le désespoir que lui causa sa perte, l'enlevèrent. Ce fut au lit de mort qu'elle reçut la communion à laquelle nous étions convenues de prendre part ensemble.. Dans ce moment solennel, elle me donna ce voile qui doit m'envelopper quand j'irai la rejoindre... O ma bonne Caroline!...

Elle ne chercha plus à retenir ses larmes, et pressa, dans son émotion, la main d'Albano; puis elle ajouta : — Oh! je n'aurais pas dû entamer ce sujet!... Mais, tenez, voici notre ami qui s'avance de notre côté, il nous faut avoir l'air bien gai.

Spener s'approcha de sa jeune élève, et, ainsi que font les vieillards, s'occupa d'elle seule. Il lui posa les doigts sur le front pour la bénir, et elle plaça sur sa poitrine le bouquet de roses naines qu'elle lui avait destiné, cherchant à lire dans ses yeux s'il lui faisait plaisir. Elle souriait, et toutes ses larmes semblaient séchées; mais la pauvre Liane ressemblait à un arbre mouillé par la pluie, lorsque le soleil a reparu; à la moindre secousse s'échappe toute l'eau que recélait son feuillage.

Le vieillard amena la conversation sur le sujet qu'il traitait de préférence à tout autre, sur l'amour de Dieu pour les hommes. Il dit comment il était impossible que nous nous aimassions autant que lui nous aimait. Il dit en finissant : — Que l'homme reporte ses regards sur cet univers, c'est encore Dieu qu'il y retrouve ; les mondes sont ses œuvres, chaque homme pieux est une parole, un coup d'œil de ce Dieu tout amour.

— Mais, demanda Albano, comment Dieu nous aime-t-il donc?

— Comme un père aime son enfant, répondit le vieillard ; non pas parce que l'enfant est bon, mais parce que l'enfant a besoin de lui.

— Et d'où vient le mal, d'où vient la douleur? demanda encore le jeune homme.

— Du démon, répliqua Spener ; et il saisit ses pinceaux et traça le tableau de ce ciel qu'il portait dans son cœur, où l'on n'est entouré que d'amour, où Dieu ne réclame de ses créatures qu'une seule chose : de l'aimer par-dessus tout... — Je serai bientôt près de lui, dit-il en jetant un regard satisfait sur ses formes amaigries... On aurait consenti à assister à la mort de ce juste, tant on était sûr qu'elle serait douce. Tel est le Mont-Blanc en présence de la lune qui se lève ; la nuit cache ses pieds et sa poitrine, mais sa cime brillante plane dans le ciel sombre, comme une étoile au milieu des étoiles.

Liane avait tenu sa main pendant qu'il parlait, et chaque mot sorti de sa bouche était entré dans son cœur ; son frère l'avait écouté avec plus de plaisir qu'Albano, non qu'il fût touché davantage, mais seulement pour mieux pénétrer ce héros du mysticisme, et peut-être pour le parodier plus tard ; Rabette seule s'était crue à l'église, et avait été attentive comme dans le lieu saint.

Spener quitta les jeunes gens pour aller soigner les animaux dont il prenait soin ; car sa tendre sollicitude n'avait pas que les hommes pour objet, elle s'étendait à tout ce qui a vie dans la nature, depuis l'oiseau jusqu'à la fleur. Il n'aimait ni à ensoufrer les abeilles, ni à faire mourir de soif des fleurs dans des pots ; et, lorsqu'il passait devant des étaux de bouchers, il détournait la tête en frissonnant.

— Devons-nous, demanda Charles à Albano, passer cette délicieuse soirée sur le haut de la montagne, et visiter ta petite maison du Tonnerre, pour renverser dans la plaine jusqu'à ton dernier calice d'amertume?

Ce plan fut adopté.

Quel magique voisinage les jeunes gens parcoururent en approchant de la demeure d'Albano! A droite l'occident de la nature, et à gauche son orient... devant eux le pompeux Lilar au milieu de la féerie du soir, se reposant dans les bras de la scintillante Rosana... des épis d'or derrière des peupliers d'argent... et là haut le soleil se courbant au septentrion, pour relever la tête plus fièrement à l'orient. —Oh! que tout cela est beau!.. s'écria Césara en prenant avec émotion la main de Liane. N'entendez-vous pas le bruit que fait en se dépliant devant nous cette immense carte du monde avec ses grands fleuves et ses hautes montagnes? Comme elles rayonnent ces collines!... On aimerait à se précipiter dans ces belles vallées, ou dans ces eaux si chatoyantes! ... Ah, Liane! que tout cela est beau!...

— Et Dieu est dans l'univers, ajouta-t-elle.

— Et en toi!... dit-il vivement, en songeant que le vieillard avait dit que Dieu habitait les cœurs que nous honorions.

Dans ce moment le vent devint plus fort, et son haleine fit vibrer les cordes de la harpe éolienne suspendue à la croisée d'Albano... Une voix intérieure lui dit : — C'est là qu'il faut lui ouvrir tout ton cœur.

Il saisit les mains de Liane, et tomba à ses pieds dans un état ineffable d'émotion... Les paroles se pressaient en foule dans sa tête, mais aucune ne pouvait sortir;... et l'ange de candeur et d'innocence se penchait vers lui les yeux mouillés de larmes... Puis Albano balbutia ces mots : — Liane, je t'aime!...

— O bon jeune homme! répondit-elle, tu es bien malheureux, mais je suis innocente... Elle se recula vivement; et, laissant retomber sur son visage le voile blanc qu'elle portait, elle lui demanda, hors d'elle-même : — Aimes-tu les cadavres? Ce voile est mon suaire, l'année prochaine je dormirai dedans.

— Cela ne peut être ainsi! s'écria le jeune homme.

— Caroline, réponds-lui, dit-elle. Et elle regardait le soleil comme si elle se fût attendue à une apparition. Effrayante minute !... De même que dans les tremblemens de terre la mer se lève et se courrouce, tandis que l'air offre un calme parfait et qui glace d'horreur, de même les lèvres d'Albano restaient muettes auprès de la jeune fille voilée, tandis que son cœur bondissait dans sa poitrine. Les cordes de la harpe frémissaient, comme touchées par les soupirs des habitans invisibles d'un autre monde... Des présages de tempête se lisaient au ciel; la terre, si belle tout à l'heure, semblait se tordre dans une crise affreuse, et l'œil du jour se ferma tout sanglant.

Tout d'un coup Liane joignit les mains et rougit; puis elle souleva son voile, et ses yeux, attachés sur ceux d'Albano, brillèrent d'un feu surnaturel... Elle les baissa, les releva, et, laissant de nouveau retomber son voile, lui dit tout bas : — A toi mon amour, Albano, s'il ne te rend pas malheureux un jour !...

— Je mourrai avec toi, répondit-il; mais dis...

— Je vous dois un secret, répliqua Liane, que j'ai caché à tout le monde, même à ma mère, car il l'aurait trop affligée. Je vous ai déjà parlé de ma Caroline. Le jour de ma première communion, que j'avais dû faire avec elle, je quittai le père Spener pour retourner chez ma mère; c'était la nuit, et j'eus à passer par cette longue et singulière caverne où l'on monte en croyant descendre. Ma femme de chambre marchait devant moi, une lanterne à la main. Arrivée dans le bosquet où un miroir concave est placé, je me détournai de la lune dont les rayons tombaient sur moi, afin de ne pas regarder ce miroir qui défigure tellement les traits. Soudain j'entends comme un concert céleste, qui depuis, dans mes maladies, a souvent retenti à mon oreille. Je pensai à mon amie morte, et mes yeux se fixèrent sur la lune... Elle y était tout entourée de rayons, et son bel œil me regardait avec tendresse; sa bouche gracieuse ressemblait à un fruit rouge mais transparent, et toutes ses couleurs ne me paraissaient que de la lumière; mais l'ange avec ses yeux bleus et sa bouche rouge était le portrait frappant de ma Caroline. Je pourrais le peindre si on peignait avec de la lumière. Je tombai dangereusement malade; elle m'apparut et me récréa avec des sons doux, mais étranges : ce n'étaient point des mots intelligibles, mais lorsque mon oreille les avait entendus, un profond sommeil, presque semblable à la mort, engourdissait mes paupières. Une fois je lui demandai mentalement si je n'irais pas bientôt la rejoindre dans le royaume éternel. Elle me répondit que je ne mourrais pas encore, mais un peu plus tard, et elle me nomma très-distinctement l'année prochaine et même le jour... Mais je l'ai oublié... O mon cher Albano! pardonnez-moi les mots que je vais dire... Je guéris bientôt, et je m'affligeai du long temps que j'avais encore à souffrir sur la terre!..

— Non, répondit vivement Césara, dont les sentimens s'entre-choquaient dans son cœur comme des lames d'épées, je respecte, mais je déteste ces horribles épouvantails. L'imagination et la maladie sont les parens de ces anges exterminateurs qui souillent toutes les fleurs de notre jeunesse.

— O bon esprit! s'écria-t-elle avec émotion, esprit pieux, tu n'as jamais souillé aucune des fleurs de mon paradis, tu ne m'as point affligée; au contraire, tu m'as consolée, guidée, sanctifiée!.. Est-ce là un épouvantail, Albano? Non : il me garantit, lui, de tous les fantômes, de toutes les apparitions, car il plane sans cesse autour de moi. Pourquoi, si ce n'est qu'une illusion, ne m'apparaît-elle pas aussi dans mes songes? Pourquoi ne vient-elle pas quand je veux, et ne vient-elle jamais que dans les occasions importantes? Je l'ai déjà vue deux fois aujourd'hui, ajouta-t-elle timidement et à voix basse; une fois en chemin, au milieu de la musique, que seule j'entendis; l'autre dans la petite maison du Tonnerre, lorsque le soleil se couchait, et elle m'a répondu gracieusement.

— Et qu'a-t-elle dit, femme céleste? demanda naïvement Albano.

— Je ne fis que l'apercevoir la première fois, et je ne lui demandai rien, répondit la jeune fille en rougissant.

Et dans ce moment son ame pure était sans voile devant lui, car dans la petite maison, Caroline avait dit oui pour son amour. O créature angélique! qu'importe que tes traits soient cachés, si la gaze qui cache ton cœur est levée!

— Oh! tu viens du ciel, toi, s'écria Césara, c'est pourquoi tu veux y retourner.

— Mon ami, répondit-elle en souriant au

milieu de ses larmes et en pressant sur son cœur la main d'Albano, je te voue le peu de vie qui me reste... A toi chacune des heures qui m'appartiennent, jusqu'à la dernière... Et j'emploirai ce temps à te préparer pour ce que Dieu t'enverra.

Ils rencontrèrent près de la porte du pasteur Charles et Rabette; Albano se saisit de la main de l'un et Liane se jeta dans les bras de la jeune fille. Les amis marchèrent pendant quelques minutes en silence : Roquairol regardait Césara et lisait son bonheur sur son visage. Ce dernier, s'apercevant de toute la tendresse avec laquelle Liane embrassait Rabette, se reprocha de manquer de franchise envers Charles, et il attira sur son cœur le frère de sa fiancée pour toujours, et lui laissa tout deviner par ses larmes de joie. Il n'avait pas besoin de cette effusion : il lui avait suffi de jeter un coup d'œil sur sa sœur pour tout apprendre.

Mais Roquairol, à la vue de ce bonheur si pur, se rappela le mauvais ange de son passé, et les membres de l'homme intérieur tremblèrent épileptiquement.. Ses éternels soupirs après une paix durable qui le fuyait toujours, ses faux pas et ses erreurs, ses heures même où il souffrait innocemment, furent par lui douloureusement comptés... Et il donna un libre cours aux pensées qui l'agitaient comme la pythonisse sur son trépied : il émut tous les cœurs, et celui surtout de la pauvre Rabette qu'il pressait fortement contre lui, comme l'aigle presse quelquefois la colombe, mais alors il ne la déchire pas... Il parla avec une noble chaleur du désert de la vie, de l'âpre destin qui brûle l'homme, comme le Vésuve jusqu'à son cratère, puis qui y sème des prairies pour les brûler encore... et du seul bonheur qu'offre cette vie si creuse, si aride, l'amour... Et des blessures que reçoit le cœur lorsque le vent de la fatalité souffle sur la plante qui tient fortement au sol, et qui, à force de l'agiter, fend la terre autour d'elle...

Mais tandis qu'il parlait il regardait la figure enflammée de Rabette ; il voulait par cette sur-excitation, par ce débordement de chaleur, forcer le bouton revêche de son amour à s'épanouir, et ses feuilles à s'étaler au soleil... Oh! il n'était point parfaitement heureux cet homme aux passions exaltées, et il ne cherchait pas tant à émouvoir les autres qu'à s'émouvoir lui-même.

Avec quels pressentimens de félicité les jeunes gens parurent devant le sphynx de la nuit qui leur souriait avec son cortége d'étoiles ! N'erraient-ils pas dans les plaines d'un autre monde sans emporter à leurs pieds de la terre lourde et gluante? N'étaient-ils pas dans cet Elysée où flotte un tiède éther qu'agitent avec leurs ailes d'invisibles psychés [1] ? Du fond de la vallée des Flûtes, le vieillard leur envoie ses suaves accords, comme de nouveaux traits lancés par l'amour, afin que les blessures de leurs cœurs saignent voluptueusement. Albano et Liane arrivèrent à un endroit d'où la vue s'étendait à l'orient sur des champs de pavots qui se découpaient en teinte claire au milieu des ombres des villages et des montagnes... La lune s'éveillait, et son œil à demi ouvert jetait un doux regard sur la terre... Albano tenait la main de Liane; il lui sembla que chacune des montagnes qu'il apercevait était une des années de sa vie, et il dit :
— Liane, de tous les printemps qui dorment là-bas, celui-ci est le plus beau... Ah ! que la vie est belle !... que je l'aime aujourd'hui !

---

[1] Jean-Paul emploie souvent ce mot dans son acception grecque, comme synonyme d'ame.

— Albano (répondit-elle tout bas, et son visage était tout un amour sans pleurs, et les étoiles tissaient et brodaient sa robe de fiancée), si Dieu m'appelle à lui, qu'il me permette de t'apparaître comme Caroline m'apparaît! S'il m'était donné de t'accompagner, de te consoler, de te prémunir contre les dangers pendant toute ta vie, je ne souhaiterais pas d'autre ciel.

Mais au moment où il voulait répondre à tant d'amour et peindre toute la douleur que lui causait cette constante pensée de mort, son sauvage ami déborda sur eux comme un torrent de lave; il avait déjà inondé le cœur de la crédule Rabette... Charles regarda le couple heureux, dont un amour pur parait les fronts d'une auréole de béatitude... C'en était trop pour lui : son cœur complétement agité s'éleva comme vers Dieu, dans l'élan d'une inébranlable résolution, et serrant sur son sein Albano et Rabette, il s'écria :— Mon bien-aimé, ma bien-aimée, sauvez mon pauvre cœur!

Rabette l'étreignit dans ses bras en sanglotant, comme une mère étreint son enfant, et lui donna son ame tout entière... Albano effleura les lèvres de rose de Liane, avec le même respect que saint Jean baisa les lèvres du Christ... La voie lactée s'inclinait sur eux comme une baguette divinatoire leur ouvrant des trésors de bonheur, et Liane soupirait ces mots : « O ma mère, que tes enfans sont heureux !... » La lune, comme un ange de paix, avait pris place dans les flots d'azur, et éclairait ce solennel embrassement; mais ils ne s'en aperçurent point, et ils ne remarquèrent même pas que les flûtes avaient cessé et que toutes les collines ruisselaient de clarté.

QUINZIÈME PÉRIODE DU JUBILÉ.

SOMMAIRE.

L'homme et la femme.

CYCLE LXVII.

J'ai fait la douce expérience que, lorsque je suis au spectacle, je prends fort peu de part aux douleurs qui éclatent au lever du rideau, tandis que, si des scènes de joie suivent immédiatement le dernier coup d'archet de l'ouverture, je m'y intéresse fortement. Ce qui prouve que l'homme exige que les peines soient motivées, et non les plaisirs. Par suite je commencerai sans autre préambule cette nouvelle période du jubilé.

Albano était heureux : il regardait autour de lui pour chercher quels ennemis pourraient s'interposer entre lui et sa bien-aimée, et il n'en voyait pas qui ne fussent trop faibles pour ses bras et pour ses armes. Il plaçait d'un côté les parens de Liane, de l'autre don Gaspard, et il se confiait dans la force de ses muscles pour se frayer à travers eux un chemin jusqu'à son but. — Oui, pensait-il, je suis tout-à-fait heureux ; je n'ai plus besoin de rien, pas même du sort, pourvu que je sois maître de mon cœur et du sien.... Albano, puisse un mauvais génie ne pas avoir entendu ce dangereux défi... car il pourrait peut-être le porter aux pieds de Némésis. Ah! dans cette forêt touffue qu'on nomme la vie, on ne peut faire un pas en sûreté : quelquefois au milieu du plus riche jardin on rencontre un mancenillier, et le vent porte dans nos cœurs sa vapeur empoisonnée.

Son existence était empreinte de cette délicieuse monotonie qui ne plaît qu'en amour : le matin il LA voyait, le soir il LA voyait encore, et ils employaient l'intervalle qui les séparait à s'écrire mutuellement des lettres qu'ils se remettaient eux-mêmes. Quand Liane avait lu un livre, il le lisait après elle, souvent aussi c'était lui qui lisait le premier, et elle ensuite. La nature, les hommes recevaient le reste de l'amour de Césara, et il admirait l'une et aimait les autres davantage. Allait-il dans la maison du ministre de Froulay, son esprit de tolérance l'y accompagnait, et il n'en rapportait aucun germe de déplaisir ou de mécontentement. Le père de Liane, tout radieux de l'accueil qu'il avait reçu à la cour de Haarhaar, ne cessait de parler des fêtes magnifiques qui devaient être données pour célébrer les noces du prince Luigi avec la ravissante Isabelle.

Et puis il avait aussi son ami près de lui. Lorsqu'on réchauffe son cœur à la douce flamme de l'amour, on craint souvent que des hommes indifférens ne viennent poser leurs corps de glace entre nous et cette bienfaisante chaleur; mais quelquefois aussi on désire qu'une ame ardente vienne servir de point de réfraction aux rayons de cette double clarté; un ami vrai est notre vœu, notre bonheur : il continue tout bas le songe délicieux dans lequel nous sommes bercés, et il ne nous réveille jamais.

Albano s'était tracé des principes solides : l'homme, disait-il, jouit d'une liberté sans bornes, non pas pour ce qu'il veut faire ni pour ce qu'il veut saisir, mais pour ce dont il veut se passer; il peut se priver de tout quand il veut le vouloir. On n'a que le choix de craindre toujours ou de ne craindre jamais; car la tente de notre vie est plantée sur une mine prête sans cesse à sauter, et les heures tiennent une mèche allumée pour y mettre le feu, tandis qu'en même temps elles dirigent sur nous un feu nourri de mousqueterie. Mais sur mille coups tirés il n'y en a qu'un seul qui porte [1], et si je dois tomber, j'aime mieux tomber debout que courbé.

---

[1] D'après l'ingénieur Borreux, les armes à feu n'atteignent que dans cette proportion. — Il est ainsi de tout : pour ceux qui craignent la mort et qui font tous leurs efforts pour l'éviter, il y a des pots de fleurs sur les croisées, un coup de tonnerre sorti d'un ciel bleu, une décharge d'un fusil à vent, des polypes au cœur, des chiens enragés, des assassins qui se trompent, une coupure au doigt où se met la gangrène... Bref, homme pusillanime, la nature, cet immense moulin à cochenille, t'offre de tout côté, toujours ouverts, les ciseaux d'Atropos, et il ne te reste qu'une seule consolation, c'est qu'en dépit de tout cela bon nombre de tes semblables atteignent l'âge de quatre-vingts ans. — Crains la misère : et soudain les fléaux du feu, de l'eau, de la famine et de la guerre, une Vendée de brigands, des révolutions avec leurs gueules béantes et leurs ongles aigus, sont là qui t'attendent; et cependant, homme riche, au bout de tout cela; le pauvre, qui rampe sous les mêmes oiseaux de proie, se trouvera tout aussi riche que toi. Va donc bravement au puits que gardent les lions, pendant qu'ils dorment; marche à droite, à gauche, sans crainte, mais ne les réveille pas de gaieté de cœur. Sans doute l'enfer attire à lui plus d'un être qui ne redoutait rien, mais aussi Dieu en appelle à lui de ceux qui ne s'attendaient à rien : la crainte et l'espérance se tiennent par la main dans cette nuit où nous marchons tous.

Tous ces raisonnemens philosophiques venaient se briser pourtant sur cette seule pensée : si elle allait mourir !.. Jamais il ne s'était habitué à trembler devant une mort comme devant celle-là. Il saisit d'une main ferme ces orties, espèce de mauvaises herbes qui croissent dans l'imagination, pour les écraser. Puis lorsqu'il vit que l'air pur de l'amour et les danses de bergers de cette nouvelle Arcadie ramenaient les roses sur les joues de Liane, les orties cessèrent de croître.

Il bravait les morsures de toutes les autres vipères de la vie, pourvu qu'elles ne passassent pas par le cœur de Liane. Il lui fallait sa bien-aimée, n'importe à quel prix, dût-il abandonner tout, renoncer à tout, entreprendre tout; se révolter contre tout. Ces noirs fantômes, sortis des maisons de Froulay et de Gaspard, qu'il voyait marcher contre lui, il les attendait de pied ferme : quand l'ennemi sera prêt, disait-il, je le serai aussi.

Il ne prévoyait qu'un seul malheur contre lequel viendraient se briser ses meilleures armes, mais en admettre la possibilité lui paraissait un horrible péché : c'était que lui et Liane, soit par leur faute, par celle du temps ou par celle des hommes, cessassent de s'aimer... Mais il avait deux cœurs sur lesquels il pouvait compter, et il défia l'avenir ! Oh ! qui de nous n'a pas dit une fois, plein de confiance dans l'éternité d'un sentiment aussi passionné que partagé :... La parque peut venir et couper le fil de notre vie, mais qu'elle ouvre ses ciseaux pour trancher le lien de notre amour !.. Le lendemain la parque était là et fermait ses ciseaux.

CYCLE LXVIII.

Tant qu'aime un femme, elle aime sans interruption, à toute heure, à toute minute; mais l'homme a des entr'actes où il peut faire autre chose. Liane ne voyait partout et en tout qu'Albano; tout ce qui se rattachait à lui, elle s'en servait soit pour son portrait ou pour le cadre de ce portrait. Cette montagne, cette petite chambre, cette branche élevée de l'arbre où il s'était bercé, avaient pour elle un intérêt de tous les momens. Elle finissait toujours pas penser qu'il méritait quelque chose de mieux qu'une pauvre fille comme elle; car le véritable amour est tout humilité : sur l'anneau nuptial ne brille point de diamant.

Il est rare qu'un amant trouve dans la réception que lui fait sa maîtresse tout l'amour qu'elle avait montré la dernière fois qu'il s'en est séparé ; l'homme voudrait que la première minute où il la revoit fût semblable à la dernière où il l'a vue. Mais il n'en était pas ainsi avec Liane, elle accueillait toujours son ami avec douceur et timidité, mais autrement qu'elle ne l'avait quitté; et chaque fois Albano croyait qu'elle s'était dépouillée de tout son amour pour revêtir son ancienne froideur.

Ce soir-là le jeune comte fut encore plus frappé que de coutume de la manière réservée dont elle le reçut. Elle lui dit que sa sœur Rabette lui avait conté son aventure de l'arbre. Car une femme ne connaît pas de plus belle et de plus intéressante histoire que celle de l'homme qu'elle aime.—Alors déjà, s'écria Albano, je regardais du côté de la montagne ! ton nom était une épigraphe en lettres d'or placée au front de ma jeunesse. Ah! Liane, m'as-tu aimé comme je t'ai aimée avant de m'avoir vu ?

— Certainement non, Albano, répondit-elle beaucoup plus tard. Elle faisait allusion à sa cécité passée, et elle lui dit que, pendant ce faible crépuscule de la vie dont elle avait joui au souper donné par son père, il lui était apparu comme un de ces fils des antiques rois du nord, comme un Olo [1], et qu'il lui avait inspiré une crainte respectueuse, comme s'il eût été son père ou son frère. C'est là un de ces sentimens que, d'ordinaire, un jeune homme se dispenserait fort bien d'inspirer à une jeune fille.

— Et lorsque la vue te fut revenue, que pensas-tu? demanda Césara.

— La même chose, répondit-elle naïvement. Mais comme tu aimais tant mon frère, comme tu étais si bon pour ta sœur, je repris plus de courage, et je suis devenue pour toujours ta seconde sœur... Hélas! tu en as déjà perdu une!... Albano, crois-moi, je suis trop

---

[1] A la cour du roi Olaüs, un jeune homme couvert du costume d'un paysan s'offrit pour défendre sa fille contre des brigands; ce jeune homme s'appelait Olo et était fils de roi. A cette époque le feu des yeux et la noblesse de la taille étaient des preuves d'une naissance élevée. La fille du roi chercha à lire dans l'œil enflammé d'Olo, et elle faillit se trouver mal; elle essaya un second regard, elle tomba sans connaissance, et au troisième elle resta plongée dans un profond évanouissement. Alors le noble jeune homme baissa sa paupière, et découvrit son front, ses cheveux d'or et son rang. (Voir *l'Allemant et sa Patrie*, par Rosenthal et Karg., I, p 166-167.)

peu de chose,... surtout pour toi;.. mais j'ai une consolation.

Toublé par ce mélange de sainteté et de froideur, il ne put que l'embrasser d'abord avec vivacité; mais il lui demanda ensuite quelle était sa consolation.

— Que tu seras un jour tout-à-fait heureux, répliqua-t-elle, en baissant la voix.

— Liane, explique-toi, dit-il; car il ne comprenait pas qu'elle faisait allusion à sa mort prochaine et à la prophétie relative à Linda de Romeiro.

— Je veux dire dans un an, après la réalisation des prédictions, répondit-elle.

Il la regarda muet d'étonnement et de terreur, car il commençait à comprendre. Elle enlaça ses bras autour du cou d'Albano; il lui dit en donnant un libre cours à son émotion :

— Ne suis-je pas déjà morte, et ne vois-je pas, du sein de la gloire céleste, de quelle manière tu seras récompensé de tout ton amour pour Liane. Oh! c'est bien juste!...

Pleure, fâche-toi, gémis et admire, jeune homme brûlant! Mais tu ne comprendras jamais cette ame si humble! Sainte humilité, seule vertu qui ne provienne point des hommes, mais de Dieu! Rayon céleste, comme la lumière terrestre[1], tu rends visibles toutes les couleurs étrangères, et toi tu voltiges incolore dans le ciel! Que personne n'instruise ton ignorance! Lorsque tes petites fleurs pâles sont tombees, elles ne reviennent plus, et tes fruits sont couverts par la feuille de la modestie.

Le lendemain lorsqu'Albano revit Liane, il la trouva assise sur un banc de gazon et méditant sur un cahier qu'elle tenait à la main. Il lui demanda ce qu'elle lisait, elle lui répondit que c'était un manuscrit français qui renfermait des pièces copiées depuis longtemps par sa mère. Puis, sans attendre qu'il poussât plus loin ses questions, elle lui dit que le passage suivant d'une de ces pièces l'avait fortement émue : « *O mon Dieu, fais que je sois toujours vraie et sincère*, etc. » parce que jusqu'à présent elle avait caché son amour

---

[1] Ce que nous nommons lumière n'est qu'un blanc plus éclatant. Personne ne voit la nuit le torrent de lumière qui part du soleil et passe devant la terre pour se réfléchir sur la lune quand elle est dans son plein.

à sa mère. Qu'elle vienne bientôt, ajouta-t-elle, et je lui ouvrirai mon cœur!

— Non, répondit-il avec un peu de colère, ton secret est aussi le mien.

Elle avait plus de confiance dans sa mère que dans un étranger, et son cœur pouvait difficilement se résoudre à lui rester fermé; elle en appela à son frère, qui arriva dans ces entrefaites; mais il se mit tout-à-fait du côté d'Albano. Les femmes, dit-il avec un peu de mauvaise humeur, aiment plutôt à parler DE l'amour que DANS l'amour, les hommes font le contraire.

— N'importe, répondit Liane avec résolution, si ma mère m'interroge, je lui dirai toute la vérité; je ne sais pas mentir.

— Et qui le voudrait, grand Dieu? s'écria vivement Albano; car lui aussi estimait la franchise par-dessus toute chose.

Rabette joignit bientôt le trio; elle s'était munie de tout ce qui était nécessaire pour faire du thé, et elle y avait joint de l'arack pour Roquairol. Ces habitudes intempérantes du frère de Liane avaient déjà plus d'une fois choqué Albano. Comment, lui disait-il souvent, ton MOI que tu veux si libre peut-il se rendre l'esclave de tes sens et de tes entrailles? Ne sommes-nous pas déjà assez fortement liés par les chaînes de nos besoins corporels, sans encore les croiser par d'autres chaînes?

— Du tout! c'est le contraire, répondit à l'instant Roquairol; à l'aide des corps, je m'affranchis du despotisme des corps : par le vin je subjugue le sang.

Albano ne se laissa pas convaincre, et il continua à croire que la douce clarté de la tempérance valait mieux que la flamme d'huile de pavots dont brûle un esclave de l'opium.

CYCLE LXIX.

Au bout de quelques jours le jeune comte de Césara retourna à Blumenbühl, peu de temps avant le coucher du soleil. Un rouge vif brillait à travers le feuillage ; il lui semblait que des flammes voltigeaient sur son chemin. Il fit de son brillant présent un sombre passé, tel qu'il serait un jour. Oh! pensait-il, après des années, lorsque tu reviendras, que tout sera passé ou changé, que les arbres seront grandis, que les hommes auront fui, qu'il ne sera resté de tout cela que les montagnes et le ruisseau, combien tu te réjouiras d'avoir pu dans ces sentiers suivre le chemin qui te séparait de ta bien-aimée, ayant à tes côtés la nature pour l'accompagner, comme la lune, dans la pensée d'un enfant, le suit dans tous les détours qu'il fait dans les rues...... Mais le parfum des fleurs devenait plus fort, les sons de la cloche se rapprochaient, tout annonçait un orage.

Le cœur rempli de pensées de bonheur, il parut, sans Roquairol qui devenait plus rare de jour en jour, devant sa Liane, dans cette chambre vieux témoin des plaisirs et des peines de son enfance. Elle était vêtue d'une robe blanche garnie de noir; on eût dit d'un demi-deuil; et, assise devant sa table de dessin, ses yeux contemplaient avec avidité un portrait. Aussitôt qu'elle aperçut Albano, elle courut l'embrasser, et le conduisit près de sa table pour regarder aussi le portrait. Elle lui raconta que sa mère était venue la voir, accompagnée de la jeune princesse Julienne, et qu'elle avait été bien joyeuse de trouver toutes ses couleurs d'autrefois revenues. «Elle fut si bonne pour moi, ajouta-t-elle, que je la priai de poser un moment devant moi pour que je la dessinasse..... Je n'ai fait que l'esquisser et je l'achève de mémoire.» Rien sans doute n'est plus beau que de voir sur le sein d'une jeune fille le portrait de sa mère : eh bien! cette fois, Albano trouva qu'il y occupait trop de place.

Elle ne parla que de sa mère : J'ai péché bien certainement, dit-elle, car elle m'a demandé avec amitié si tu venais souvent, et j'ai répondu seulement oui, rien de plus. O mon ami, que j'eusse été contente de la laisser lire dans mon cœur!...

Il répondit que sa mère n'était peut-être pas aussi franche qu'elle le paraissait; qu'elle savait tout probablement par Augusti. Il parla en termes fort durs de ce dernier, et Liane le défendit avec chaleur. Le soupçon, cette fausse monnaie de la vérité, se forma de tout l'intérêt que la jeune fille témoignait pour le lecteur, et il reçut bientôt l'empreinte nécessaire pour être mis en circulation.

Elle ne devinait pas; et elle recommença à se plaindre du silence qu'elle était forcée de garder envers sa mère. — Pourquoi cela m'affligerait-il, continua-t-elle, si c'était bien? D'ailleurs depuis long-temps ma Caroline ne m'apparaît plus, et c'est encore un mauvais signe.

Toute son ancienne colère contre ces aga-
ceries de l'imagination, lui revint. Depuis
long-temps ce voile donné par Caroline, dont
elle s'était parée comme d'un linceul pour
descendre dans la tombe, ce voile de voyage
pour un autre monde était devenu pour Albano la chemise du centaure Nessus, et elle
avait été forcée de ne plus le porter. Il lui
parla avec quelque sévérité de ce désordre
des idées qui touchait au suicide,.. des devoirs
qui obligent de tenir à la vie,.. de cêt aveugle-
ment qui l'empêchait d'attribuer la cessation
des apparitions de Caroline à sa véritable cause,
c'est-à-dire à l'entier rétablissement de ses
forces et de sa santé. Elle l'écouta patiemment,
mais la jeune princesse avait ouvert à son imagination un champ bien vaste, loin de son moi
et de sa tombe. Elle était principalement occupée du portrait de Linda que Julienne lui
avait esquissé plus en détail, et comme de
jeune fille à jeune fille, c'était celui de ses
qualités morales, au nombre desquelles figuraient son tendre dévouement pour don Gaspard, son mépris pour la foule des hommes,
son immutabilité, les pas fermes qu'elle faisait
dans les sciences du domaine de l'autre sexe,
ses belles-lettres où les fruits l'emportaient sur

les fleurs. — Il faut qu'elle appartienne à mon Albano, pensait la bonne Liane;... et elle voyait dans l'amour de Charles pour Rabette, qui détruisait toute crainte de rivalité entre lui et Césara, dans sa résolution de peindre à Linda son Albano sous de si belles couleurs, le doigt du sort qui voulait que toutes les prophéties s'accomplissent... Elle disait tout cela à haute voix, parce qu'elle avait pour habitude de cacher toujours ses douleurs et jamais ses espérances.

Noble jeune homme, quelle morsure un mauvais génie vient de faire dans ta vie!.. ton amour si vrai, si ardent, tu l'éprouves donc seul, il n'est donc pas partagé?.. un moment il fut sur le point de lâcher la bride à toute l'effervescence de ses passions; mais un regard jeté sur cette physionomie de vierge, si pure, si calme, où se peignait un si beau dévouement et une si complète abnégation de soi-même, le fit rougir de la colère qu'il avait failli exprimer, et il se borna à dire avec une forte émotion :

— O Liane, tu es bien dure aujourd'hui!

— Mon cœur est pourtant bien tendrement ému, répondit-elle innocemment. Ils étaient devant la fenêtre qui donnait sur Lilar, et d'où l'on apercevait la tempête qui marchait à pas de géant. Elle la quitta brusquement, parce que, depuis l'accident qui lui était arrivé, elle ne pouvait pas fixer les yeux sur un nuage noir, il lui semblait toujours que c'était le voile épais qui avait couvert sa vue. La noble figure d'Albano, éclairée par cette lueur extraordinaire, brillait d'un éclat tout divin; elle passa sa main dans ses cheveux que le vent avait mêlés et elle les unit sur les côtés, puis elle reforma l'arc de ses sourcils bruns que la colère peut-être avait déformé... «Oh! dit-elle, bientôt ce beau visage sourira!...» Il sourit en effet, mais douloureusement... «Et puis, ajouta-t-elle, je serai encore plus heureuse qu'aujourd'hui...» Elle frissonna en disant ces mots : un éclair venait de frapper la figure du jeune homme, et elle lui sembla celle du dieu de la guerre jetant des flammes par les yeux.

Il se sépara d'elle à la hâte, et ne se laissa point retenir; il courut se rafraîchir le sang dans l'orage, tandis qu'elle, pauvre fille, s'applaudissait d'avoir parlé ce soir-là avec un amour pur et désintéressé. Rabette, qui sortait de la dernière maison du village, alla au-devant de lui, et lorsqu'elle l'embrassa elle sentit de grosses larmes tomber sur ses joues.

— Qu'as-tu? demanda-t-elle vivement, tu pleures ?.. Tu es folle, répondit-il, et il se hâta de la quitter pour ne rien perdre de la tempête qui, maintenant, couvrait le ciel comme un immense manteau... Ce fut au milieu des éclairs et des torrens de pluie qu'il se prouva à lui-même que Liane avait des charmes divins, un esprit sublime, toutes les vertus enfin, y compris l'amour de tous les hommes, de sa mère, de son frère, de ses amis, mais qu'il lui manquait cet amour d'un seul... ou que du moins elle ne l'éprouvait pas pour lui... C'est pour cela, pensa-t-il, qu'elle part de la vie avec si peu de regret : si j'ai été si long-temps auprès d'elle, la poitrine déchirée par l'amour, avant qu'elle s'en aperçût,... c'est qu'elle n'en trouvait pas dans la sienne.

La pluie criait dans les feuilles; le feu étincelait dans les arbres, et le sauvage chasseur de tempête continuait toujours sa chasse frénétique, jusqu'à ce qu'enfin l'orage s'étant lassé avant lui, il se décida à rentrer dans sa petite maison du tonnerre, où il fut accueilli par un horrible gémissement arraché par le vent à sa harpe éolienne.

CYCLE LXX.

Le lendemain matin les deux orages avaient disparu : toutes les violentes douleurs de la veille ne semblaient plus à Albano que des erreurs. Pauvres et faibles que nous sommes, lorsque dans ses exécutions simulées le sort nous effleure de sa baguette au lieu de nous frapper de son glaive, nous tombons évanouis de notre siége, et nous nous croyons morts pendant tout le reste de notre vie.

Remis de la secousse qui l'avait ébranlé la veille, le jeune comte de Césara ne vit plus que l'ange en demi-deuil à qui il ne pouvait reprocher que de vouloir rester la fiancée de Dieu, et non celle d'un homme. Il sentit combien ses exigences le rendaient petit auprès d'elle, et pour se punir de l'avoir mal jugée, il résolut de se priver tout un jour de voir Liane. Comme remède à l'ennui qui le menaçait, il prit le parti d'aller passer quelques heures dans son logis de la ville. Il y trouva le lecteur plus glacé, le bibliothécaire plus brûlant et le docteur Sphex et sa femme plus bouffis de vanité que jamais. Il se hâta de chercher Roquairol, qu'il s'imaginait n'avoir point encore autant aimé, tant il éprouvait un besoin impérieux de faire amende honorable à la sœur, par une plus grande effusion de tendresse envers le frère. Celui-ci, avec son habitude de déchirer d'un seul coup le voile de l'avenir, lui dit aussitôt : « Tout est découvert !... du moins est-ce extrêmement probable. »

Il s'expliqua : depuis long-temps, selon lui, les enfans du docteur avaient toujours eu quelques commissions à faire à Lilar, soit pour y chercher des fleurs ou pour y porter des médecines, et Charles conjecturait qu'Augusti, qui était redevenu la lorgnette d'Opéra de madame de Froulay, se servait d'eux comme d'une longue vue ou d'un cornet acoustique.

Bref, le ministre avait été chez la jeune Grecque 'Chariton, et s'y était emparé la veille d'un paquet, fort heureusement vide, adressé par Rabette à Roquairol (c'était par cette voie que, d'ordinaire, les lettres de Liane à Albano prenaient leur cours). — Fort heureusement! répéta Césara. Qu'est-ce à dire? devant l'univers entier, je justifierais mon amour et je m'en glorifierais! — Je pris tout sur moi, continua Charles, car jamais mon père n'a été aussi bon à mon égard que depuis qu'il a ouvert mes dernières lettres. Il est allé aujourd'hui à Blumenbühl, et cela, j'en suis sûr, bien plus à mon occasion qu'à celle de ma sœur.

Albano ne craignait pas que ces gens de la ville pussent miner l'île fortunée de son adolescence; mais il regrettait d'avoir empêché Liane d'avouer elle-même un secret que d'autres avaient deviné. Combien il désirait voir luire le lendemain pour s'humilier devant elle! En rentrant chez lui il trouva la lettre suivante de Liane.

« O mon bon Albano, pourquoi n'es-tu pas
» venu? Que de choses j'avais à te dire! Com-

» bien j'ai tremblé vendredi soir pour toi, en
» voyant l'orage affreux qui te poursuivait
» de son tonnerre! Tiens, vois-tu, tu m'as
» trop déshabituée de la douleur : elle m'est
» lourde et étrangère maintenant. Je fus in-
» consolable toute la soirée, et, dans la nuit,
» il me vint de noirs pressentimens en son-
» geant à la raison qui a valu à l'endroit que
» tu habites le nom de Maison-du-Tonnerre.
» Pourquoi y restes-tu? Je me jetai à genoux
» à côté de mon lit, et j'implorai Dieu pour
» toi, afin qu'il te préservât. Tu riras peut-
» etre de cette prière tardive, qui venait après
» le danger; mais je me disais : le Tout-puis-
» sant savait que je le prierais.

» Hélas! le lendemain matin, Rabette me
» rendit tout mon chagrin : elle me dit qu'elle
» t'avait rencontré les yeux pleins de larmes.
» J'examinai plus de mille fois ma conscience
» pour savoir si c'était moi qui t'avais affligé.
» Serait-il vrai, comme ta sœur me le dit, que
» ce fussent mes pensées de mort qui cau-
» sassent ton désespoir? Tu ne les entendras
» plus; déjà le voile est sous clef. Moi, je
» te jugeais d'après mon frère qui dit que
» cette ombre de la mort est pour lui un

» crépuscule du soir, qui revêt tous les objets
» d'une teinte plus suave et plus pure. Pour-
» quoi ne serais-je point heureuse? Tu es bien
» heureux, toi, et pourtant tu n'as qu'une
» pauvre petite fleur comme moi à poser sur
» ton cœur. Moi, je t'ai tout entier. Laisse-
» moi mon tombeau ; il en tombe, comme
» d'une montagne, de meilleurs fruits dans
» ma vallée. Mon père est venu parmi nous,
» et jamais il n'a été aussi aimable, aussi bon
» pour tout le monde. Tu le vois, jusqu'à LUI
» qui est bon. Va, mes parens ne jetteront
» point de tempête sur nos guirlandes de ro-
» ses. J'étais si contente, que je n'ai pu lui re-
» fuser une preuve d'amitié qu'il m'a deman-
» dée... pardonne-le moi... Je lui ai promis
» de ne pas recevoir de visites d'étrangers
» dans une maison étrangère : « Ce n'est pas
» dans les convenances, » dit-il. Il faut que je
» retourne à la maison, à cause du mariage
» du prince ; mais je te verrai bientôt. Oh!
» pardonne-moi encore une fois ; quand mon
» père me demande une chose avec bonté, il
» m'est impossible de dire non.—Adieu, mon
» bien-aimé. » L. »
« P. S. Bientôt une nouvelle petite feuille
» s'envolera vers ta montagne. »

Comme elle le fit rougir de lui-même cette lettre si vraie, si pure, si tendre, où se déployait une de ces ames célestes de femme, qui, lorsqu'on est injuste envers elles, croient toujours que ce sont elles qui ont tort!

La petite feuille promise arriva, elle ne contenait que ce peu de mots :

« Sois heureux : nous nous verrons bientôt,
» avant très-peu de temps... Puis rien ne
» manquera à notre félicité. Sois indulgent
» pour moi... Ah! tu ne peux pas désirer notre
» réunion plus vivement que moi !... »

Il s'aperçut maintenant de l'immense valeur des jours qui venaient de s'écouler, et qui avaient glissé devant lui comme autant d'apparitions d'ange ; il attendait maintenant que, semblables aux étoiles, ils reparussent à l'Orient. Pourquoi le bonheur perdu creuse-t-il, comme un diamant aigu, une si profonde blessure dans notre cœur? pourquoi faut-il que nous perdions une chose avant de l'aimer jusqu'à en mourir?...

Albano jeta loin de lui son passé et son avenir, afin de ne vivre que dans le présent que Lian elui promettait.

CYCLE LXXI.

Le dimanche matin, un doigt léger, qui ne pouvait appartenir qu'à une main de femme, frappa à la porte d'Albano. C'était la matinale Liane; Rabette et Charles firent entendre du dehors un bruyant bonjour. Elle était là sur sa poitrine palpitante la jeune fille céleste dont la marche avait couvert les joues d'une teinte purpurine, délicieux bouton de rose doucement caressé par la rosée du matin. Césara se trouvait parfaitement heureux : il sentait maintenant que Liane l'aimait. Le vent agitait les cordes sonores de la harpe éolienne; elle écouta en rougissant ces accords qui lui rappelaient la soirée où fut jurée l'alliance qui l'unissait pour toujours à Albano. Mais lui ne voulut pas entrer dans ce temple de bonheur sans s'être purifié et sanctifié d'abord par un aveu sincère de ses erreurs et de ses torts passés. Il s'ensuivit un combat de générosité dans lequel l'homme fut vaincu par la femme. Liane prétendit qu'elle seule était coupable; mais qu'à l'avenir il n'aurait plus de sujet de plainte. De même qu'un meuble d'acajou qu'aucune température ne fait rompre, qui ne reçoit point de taches et qui n'a pas besoin d'être poli, de même est son cœur, pensa Albano, et il se jura à lui-même, quelle que fût la conduite de Liane, quelque incompréhensible qu'elle lui parût, de dire toujours : Elle a raison.

Elle lui expliqua l'énigme de sa visite : il fallait qu'elle retournât à Pestitz aujourd'hui même, mais le soir seulement ; la voiture devait venir la prendre à l'heure du thé. Elle ajouta qu'elle espérait que son père ne regarderait pas le détour qu'elle faisait par Lilar comme une violation de la promesse qu'elle lui avait faite. Une jeune fille qui aime devient plus hardie sans s'en apercevoir.—Elle chercha ensuite à rassurer Albano sur les intentions du ministre, qu'elle lui peignit comme très-favorables, et elle donna la rigidité avec laquelle il se soumettait et voulait que les autres se soumissent aux convenances, comme la seule cause de la défense qu'il lui avait faite, et de son rappel à l'occasion des fêtes du mariage. Césara, trop voisin encore du serment qu'il s'était fait, le garda et se dit : «Elle a raison.»

Le capitaine entra avec la Rabette aux joues roses, dans les yeux de qui brillait la joie. La chambre si petite où les deux couples se trouvaient réunis, n'apetissait pas le bonheur dont elle était le théâtre. Charles, qui ressemblait assez au Vésuve que la neige couvre encore aux premières lueurs du jour, était déjà là avec son sommet brûlant; il se plaça devant le piano et y tonna un prestissimo de Hayd'n, qui était ouvert sur le pupitre, avec une telle facilité qu'il jouait sans hésiter les passages les plus difficiles; on eût dit qu'il improvisait plutôt qu'il ne copiait.

— Où ferons-nous nos sept stations de joie, demanda tout à coup Roquairol, dans cette journée qui nous est ouverte?

— Charles, n'est-on pas toujours bien dans l'endroit où l'on aime? répondit Albano.

Homme heureux, dont le cœur n'a besoin que d'un cœur, sans parc, sans opéra seria, sans Mozart, sans Raphael, sans éclipse de lune, même sans clair de lune ou sans romans lus ou copiés!

On décida que Liane et Rabette s'uniraient à Chariton pour préparer un dîner champêtre; mais il fut convenu que la sœur de Charles, dont les doigts aristocratiques n'étaient habitués qu'à façonner de la pâtisserie, ne s'occuperait que des boules de neige qui devaient figurer au dessert.

En attendant on descendit dans les jardins, et chacun choisit une route à son gré. Albano et Liane suivirent, du côté de la forêt, le cours sinueux de la Rosana dont les eaux, tantôt proches, tantôt lointaines, tantôt lac, tantôt ruisseau, offraient à l'œil, ici un vaste miroir, là une source, plus loin un éclair brillant derrière des fleurs, ou bien encore un grand œil noir derrière un voile de feuilles... de petites baies, d'étroites couches de fleurs, des jardins enfantins, des îles rondes, de petites collines, et de petits isthmes habitaient au milieu de ces sinuosités... Là, se jouaient la pensée à l'œil bleu, la tulipe aux grosses joues, le lys au teint pâle et la rose coquette. Les papillons, voltigeantes fleurs, et les fleurs, papillons enchaînés, s'entre-cherchaient et joignaient leurs ailes.

— Liane, dit Albano, comme tu me fais aimer la nature!... Je suis tenté par momens d'embrasser les fleurs et de presser les arbres sur mon cœur... je n'aurais pas le courage d'écraser un de ces scarabées que je vois sur ce sentier.

— Devrait-on jamais penser autrement? répondit-elle. Un homme qui a une mère et qui connaît son amour pour lui, peut-il avoir la cruauté de déchirer le cœur maternel d'un insecte?... Mais, hélas! nous ne pardonnons rien aux animaux, disait souvent le père Spener, pas même leurs vertus.

Ils étaient dans ce moment près de la vallée des Flûtes; comme ils allaient y descendre, ils entendirent le son d'un de ces instrumens auxquels elle devait son nom; mais il n'y en avait qu'une; seulement elle accompagnait une voix tremblante de femme, et ils reconnurent bientôt celle de Rabette. Cette pauvre fille avait une voix revêche; mais son caractère ne l'était pas, et elle faisait pour plaire à son amant le sacrifice de son amour-propre. Ce dévouement émut les deux jeunes auditeurs.

— O mon Albano! s'écria Liane en se serrant contre lui, quelle joie j'éprouve de devoir à ta sœur le bonheur de mon frère!

Il lui fit signe de suivre un autre sentier afin de ne pas les déranger; car il s'apercevait que les accens de Rabette étaient fréquemment entrecoupés, sans pouvoir deviner s'il fallait attribuer ces interruptions à l'émotion, à des baisers, ou à des sanglots.

La voix de Chariton se fit entendre, et bientôt tout le monde se trouva réuni autour d'une table rustique, et, certes, jamais convives ne furent plus complétement heureux.

CYCLE LXXII.

L'heure du départ s'approchait rapidement. C'est ainsi que les vignes de la vie ne mûrissent que sur les coteaux qui montent ou sur des coteaux qui descendent, jamais sur une prairie tranquille. Les sensations qui agitaient tumultueusement les cœurs d'Albano et de Liane, n'étaient pas de celles qui demandent une promenade dans les champs avec le ciel pour toit, elles réclamaient, pour s'unir intimement les unes aux autres, l'isolement d'une chambre : plus petit le refuge, plus grand l'amour. Ils se trouvèrent bientôt sans s'en apercevoir dans la maisonnette du tonnerre. Ils entrèrent dans cet asile, qu'ombrageait le crépuscule du soir, comme dans un nouveau monde. Vers le milieu du jour et vers le milieu de la vie l'homme voltige de songe en songe; il se réveille sans cesse et sans cesse il se rendort : à chaque souvenir qui lui échappe, succède une pensée nouvelle qui lui échappe encore; mais vers la fin du jour et de la vie on n'éprouve plus le besoin d'acquérir, mais de conserver, et, de tous les lambeaux qu'on a laissés épars derrière soi, on se compose un costume qu'on revêt pour ne plus le quitter; car la mode ne doit plus changer qu'une fois, et cette fois sera la dernière : on n'est point capricieux dans la tombe.

Lorsque, séparés du reste de ce monde qui s'enfuyait loin d'eux, de la fenêtre où ils étaient debout, les deux amans n'avaient de regards que lui pour elle, qu'elle pour lui, ils ressemblaient : Albano, à un de ces monts élancés qu'illumine le soleil à son coucher, clair, ardent, ferme, et beau; Liane, à la source modeste qui coule au pied du mont, pure, fraîche, et cachée, en attendant que le dernier rayon de l'orbe du jour l'enveloppe comme un voile rose. Ils songèrent que leurs deux ames si pareilles, si égales s'étaient rencontrées dans ce vaste univers si peuplé de dissemblances, et un long frémissement de joie fit battre leurs cœurs de toute l'extase de la prière... leurs larmes, de ces larmes qu'arrache le bonheur et qui font tant de bien, se confondirent dans un muet embrassement... Dans ce moment la harpe éolienne ouvrit à deux battans la porte de la salle des concerts célestes, un parfum d'harmonie s'en exhala et les portes se refermèrent.

Ils s'assirent devant une des fenêtres qui regardaient l'Orient ; devant eux s'élevaient les montagnes de Blumenbühl et les collines de Lilar ; les rayons du soleil se reflétaient sur les sentiers. Bientôt le voile de crêpe du crépuscule commença à descendre à longs plis sur la nature, et la brise du soir arracha quelques soupirs mélancoliques à la harpe plaintive. Les deux amans se regardèrent, et leurs cœurs tressaillirent d'aise en s'apercevant qu'il était impossible que jamais ils s'aimassent davantage. De la citadelle qu'ils occupaient, leurs yeux se portaient avec indifférence sur ce monde tumultueux où s'agitaient leurs ennemis. Le vent, devenu plus fort, courbait les hautes têtes des pavots et des tulipes;... les peupliers au feuillage d'argent, cette neige du mois de mai, saluaient de leurs cimes ondoyantes le soleil à son coucher...

— Immuables nous resterons ainsi!... dit avec enthousiasme Albano, en pressant sur son cœur la main de Liane.

— Ici et là-bas!... répondit-elle. O Césara! combien ai-je désiré souvent que tu fusses mon amie, ma confidente intime, afin de pouvoir parler de toi à toi! Qui peut savoir sur la terre tout ce que j'éprouve pour toi?

— Ici et là-bas, dis-tu, Liane? Va, je suis plus heureux que toi, car seul je crois à notre longue vie ici... Le charme était rompu, une main glacée venait de se poser sur son cœur.

Il semble que l'homme se lasse de tout, même du bonheur le plus pur, soit que, accoutumé pendant les longs jours de sa vie à pleurer sur son passé et à trembler pour son avenir, il ne puisse se renfermer dans le présent dont il jouit ; soit que, comme la plupart de ses semblables, Albano, dans les heures de bonheur, crût ses forces invincibles, et qu'il préférât renverser la table du banquet céleste plutôt que d'y voir figurer un plat de moins; toujours est-il qu'il résolut de solder son compte avec la peur et le mystère, afin de n'être plus leur débiteur.

En conséquence, lorsque, au lieu de lui répondre, Liane l'embrassa en silence, afin de demeurer fidèle à sa promesse, et de ne pas jeter un linceul sur le beau tapis qu'ils foulaient, il lui dit, comme poussé par une force irrésistible : — Tu ne me réponds rien? Ce sont tes plaisirs et non tes peines que tu veux que je partage?... Tu n'as pas ton voile?... Tu veux me ménager comme un homme faible, tandis que tes pensées de mort continuent à te ronger le cœur? Liane, je veux aussi des douleurs, et je veux toutes les tiennes.

— Je ne voulais que garder ma parole : mais, mon ami, que puis-je te dire?

— Tu mourras donc dans un an, crois-tu? femme superstitieuse!

— En tant que ce sera la volonté de Dieu, Albano, certainement. Est-ce ma faute si cette croyance t'afflige?

— La volonté de Dieu!... Il pourrait tout

aussi bien jeter un hiver, comme un immense glacier, au milieu de cet été... Dieu!... répéta-t-il... puis il s'agenouilla et pria : — O toi, mon Dieu! qui es tout amour, ne tue pas cette vie si jeune, si belle!... Laisse-nous vivre pour que nous t'aimions et que nous t'honorions ensemble...

Elle se mit involontairement à genoux près de lui, et, au moment où ses yeux se levaient vers le trône divin, elle aperçut Caroline en toilette de fiancée, le front ceint du voile blanc, semé d'or, qui, à chaque mot que prononçait Albano, faisait un signe négatif avec sa tête...

— Cesse de prier! cria-t-elle à son amant. Et toi, inexorable fantôme, écoute-moi du moins, et fais que lui, rien que lui, soit heureux... Elle n'aperçut plus l'être fantastique qu'elle implorait, et elle cacha sa figure inondée de larmes dans le sein de Césara.

Dans ce moment Roquairol avertit que la voiture était arrivée.

— Nous nous séparons donc? demanda Albano d'un air sombre. Est-ce la dernière fois que nous nous voyons?...

— Non, non, répondit vivement Liane, nous nous verrons chez mon père ; mais reste ici, ne m'accompagne pas à la voiture... Et elle l'embrassa une seconde fois.

Il la tenait par les bouts effilés de ses doigts, sans pouvoir se décider à la laisser partir... Enfin elle s'échappa... et lui ne regarda pas la voiture qui l'emmenait; mais il jeta les yeux sur la montagne où s'était écoulée son enfance, et, comme ses yeux étaient remplis de larmes, il s'imagina que la montagne tremblait et se détachait du sol.

SEIZIÈME PÉRIODE DU JUBILÉ.

SOMMAIRE.

Les peines d'une fille.

CYCLE LXXIII.

Adieu les beaux jours où, sans obstacle, Albano pouvait voir Liane; où, quand l'absence lui semblait trop longue, il ne lui était besoin que de tracer quelques lignes et de les lui envoyer! Maintenant, toutes les communications sont coupées, Roquairol lui-même était parti en mission pour Haarhaar; d'une main fatiguée Césara tenait la coupe du bonheur qu'il avait vidée, et qui maintenant lui semblait d'autant plus lourde qu'il n'y restait plus une goutte à boire. Dieu sait le nombre de conjectures auxquelles il se livrait! Tantôt Liane était malade, tantôt refroidie, emprisonnée ou en voyage. On ne saurait comparer la mutabilité de ces suppositions qu'à celle des plans qu'il adoptait pour y remédier; exemples : un enlèvement, la haine, un duel ou le désespoir.

L'aiguille de l'horloge du temps ne tournait plus autour du cadran; ou, pour mieux dire, il y avait bien encore un cadran, mais il n'y avait plus d'aiguille... pour Albano du moins. Une telle situation était intolérable; il fallait en sortir à tout prix. Le meilleur moyen, comme le plus difficile, était d'aller visiter le Vésuve ministériel. Il y fut. Jamais le volcan n'avait été si riant, si gracieux ; il s'ouvrit, mais seulement pour répandre autour de lui des torrens de nouvelles au sujet du mariage prochain de Luigi.

Albano, résolu à n'être point venu pour rien, demanda comment se portaient les dames de la maison; et il apprit qu'elles étaient allées reconduire mademoiselle de Wehrfritz (Rabette) à Blumenbühl.

Le lendemain il reçut la visite de cette bonne Rabette, qui, égoïste comme on l'est toujours plus ou moins en amour, ne s'occupa que d'elle et pas du tout de lui. Elle épancha tout son cœur dans celui de son frère, et il en sortit quelques riantes images, un beau ciel, un jour de noces, un beau-père et une belle-mère, et une femme de capitaine. Elle s'étendit longuement sur les aimables procédés de madame de Froulay, sur quelques mots de mariage qu'elle avait surpris... Enfin, dit-elle, maintenant ils savent tout, mon excellent frère ; mais malheureusement pour l'excellent frère, elle ne savait, au milieu de cette omni-science, rien qui eût trait à Liane, et elle ne lui rapportait d'elle qu'un billet de santé : « Nous n'avons pas été seules un instant Liane et moi, voilà ce qui fait, dit la villageoise, dame noble en expectative. » Puis elle revint sur le capitaine, qui était nommé commissaire du cortége pour l'entrée de la jeune épouse de Luigi, et ajourna les espérances de son frère à la soirée d'illumination à Lilar, à laquelle devaient assister Liane et le double couple de parens. Bonne créature, qui a donc placé à ton doigt hâlé cette bague de bonheur où la joie étincèle? et qui ne désire pas ardemment que jamais le diamant qui y est enchâssé ne s'en échappe pour toujours !

A peine fut-elle partie que Roquairol, le second volume de l'ouvrage dont il venait de lire le premier, tomba dans les bras d'Albano; mais il y trouva grand nombre de répétitions et moins de ravissemens que dans l'autre. Il paraît en définitive que le ministre, craignant que son fils, dont il connaissait le caractère exalté, ne lui amenât un jour une bru en guenilles, s'était trouvé fort satisfait qu'il eût porté ses hommages aux pieds de la fille du directeur provincial.

Ce calme et ce long silence au sujet de Liane attristaient chaque jour davantage l'ame du jeune Césara : le malheureux tournait incessamment dans un cercle d'opinions opposées qui ne faisaient qu'accroître ses inquiétudes. N'avait-il pas à craindre que les Froulay ne dédaignassent une union avec sa famille, ou ne sacrifiassent deux cœurs aux intérêts de leur politique sèche et froide? Ou bien, rappelant à sa mémoire tous les souvenirs du passé, n'était-il pas en droit de supposer que Liane l'aimait plus avec l'ame qu'avec le cœur; que, fugitive passagère sur cette terre, ses ailes seules l'avaient effleuré lorsqu'il avait cru que ses bras le serraient? Dès lors, habituée qu'elle était à se sacrifier pour les autres, ne pouvait-il pas avoir immolé son amour aux exigences paternelles ? Puis, quand il s'était bien évertué à faire mentalement des reproches à Liane, il ne manquait pas de tourner ces mêmes armes contre lui, en se demandant pourquoi il avait tant de confiance dans l'amitié et si peu dans l'amour ; et il ne trouvait pour réponse à cette question rien qu'une réflexion, à savoir : que les hommes, plus égoïstes que les femmes, veulent toujours que celles-ci se modèlent sur eux, prennent leurs goûts, leurs habitudes et jusqu'à leur manière d'envisager la vie ; tandis qu'elles, bonnes et malléables créatures, consentent d'ordinaire à descendre jusqu'à nous, et n'exigent pas que nous montions jusqu'à elles, sans doute, parce que, compatissant à notre faiblesse, elles ne veulent pas nous demander l'impossible.

Césara retourna à Pestitz ; il y fut également bien reçu par le ministre, qui le pressa même très-instamment de l'aider à recevoir la princesse Isabelle le jour où elle ferait son entrée. Madame de Froulay l'accueillit avec plus de gravité que d'amitié ; et, lorsqu'il lui demanda des nouvelles de Liane, elle lui répondit qu'elle était indisposée. Il se hâta de prendre congé et de courir chez le docteur; là il s'informa auprès de Schoppe de la nature de la maladie de Liane : celui-ci, qui ne quittait pas plus Sphex que son scalpel, lui répondit que jamais mademoiselle de Froulay ne s'était mieux portée, puisqu'elle allait dans le monde et ne manquait pas une assemblée. Pour se consoler, le pauvre Césara apprit que jamais Augusti n'avait été aussi assidu chez le ministre.

Il commença à comprendre que les têtes de Méduse des père et mère pourraient bien avoir changé le cœur de Liane; mais il trouvait cela souverainement injuste, parce qu'il prétendait qu'elle devait le préférer à tous ses parens.

Il n'y eut pas jusqu'au discret lecteur, qui d'ordinaire plaçait la lumière sous le boisseau, dont il ne reçût un bulletin détaillé, qu'il n'avait point demandé, des aventures et des projets de la cour; ce fut par ce canal qu'il apprit que Liane était destinée à devenir dame de compagnie de la future princesse de Hohenfliess. Les soupçons jaloux que lui inspirait la conduite d'Augusti empêchèrent Albano de répondre un mot à ce discours verbeux.

Cependant il rappela tout son courage, écrivit une lettre à Liane, et l'envoya à son frère pour qu'il la lui remît. Ce confident vint le lendemain; mais au lieu de parler de la lettre, il entra dans de grands détails sur la plus jeune des princesses de Haarhaar, nommée Idoine, qui ne manquait pas d'ennemis quoiqu'elle possédât toutes les qualités imaginables, telles que la sainteté, la bonté, la décision de caractère, l'amabilité surtout, puisque la fiancée de Luigi, qui n'aimait personne, la portait dans son cœur; enfin, pour donner le dernier coup de pinceau au portrait, elle ressemblait à Liane.

— Cette dernière a-t-elle ma lettre? se hâta de demander Albano, en profitant d'un moment où Roquairol reprenait haleine.

— Je n'ai pas pu la lui remettre, répondit flegmatiquement le capitaine; mais peux-tu croire un seul instant qu'elle cesse jamais d'être à toi?

— Je ne crois rien! répliqua Césara piqué,

et en disant cela il déchirait sa lettre, que Charles lui avait rendue, en autant de morceaux qu'il y avait de mots. Cependant il continua d'une voix émue.

— Voulons-nous rester comme nous sommes, fermes comme du fer, et plians comme du fer rouge?

Roquairol, attendri à son tour, chercha à consoler son ami en lui promettant que le soir de l'illumination il verrait Liane et qu'il pourrait lui parler; de plus il le prévint qu'elle paraîtrait dans un rôle neuf qui le surprendrait beaucoup. Il fit un signe d'assentiment; car il avait compris que ce rôle coïnciderait avec la ressemblance qui existait entre elle et Idoine, et avec la nouvelle charge dont elle allait être revêtue; mais qu'avait son bonheur, à lui, à gagner à tout cela?..

Son orgueil, qu'il avait fait taire pour écrire à Liane, revint avec sa lettre et parla plus haut que jamais. Dès ce moment le jeune homme se condamna à un stoïque silence, et but à longs traits le poison que le temps lui versait chaque matin, en attendant qu'il lui en donnât l'antidote. Rien ne pouvait l'emporter sur le sentiment de sa propre dignité ; il lui eût été possible de tenir ses yeux fixés sur un échafaud teint de sang, mais non sur un infâme pilori où, soutenue par un carcan, la tête du criminel s'incline sur sa poitrine durant une ignominieuse agonie ; sous la hache on ne meurt qu'une minute, au carcan on en meurt soixante.

Plus d'une fois Charles s'approcha de lui pour l'aider à deviner l'énigme qui l'occupait ; mais Albano, si ardemment qu'il en désirât le mot, ne chercha pas à l'entendre, encore moins à le demander. Les victoires conduisent à d'autres victoires, comme les défaites amènent d'autres défaites : il trouva enfin, sinon un remède à sa douleur, du moins une citadelle pour se défendre contre elle, dans... un observatoire. Concentrant toutes ses idées dans l'étude de l'astronomie, il parvint, grâce à la théorie, à ne plus voir le jour, et, à la pratique, à ne plus voir la nuit. Cet observatoire était situé sur une montagne à mi-chemin de la ville et de Blumenbühl : de son sommet on découvrait l'une et l'autre ; mais lui ne regardait que les étoiles, et non le riche parterre de fleurs où croissaient pour lui tant de soucis et si peu de roses.

Il attendit ainsi le jour où, à Lilar, la présence de sa bien-aimée devait lui ouvrir le ciel, ou le lui fermer pour toujours : ses yeux étaient fixés sur ce télégraphe lointain qui agitait incessamment ses bras, sans qu'il pût deviner s'ils annonçaient la paix ou la guerre.

CYCLE LXXIV.

Je ne connais pas de meilleur moyen pour faire comprendre à mes lecteurs le cycle qui précède, que de les introduire tout bonnement dans le conclave ministériel, où ils pourront tout à leur aise saisir les fils de l'intrigue qui s'y trame.

M. de Froulay était revenu de Haarhaar avec le sentiment d'une admiration profonde pour l'esprit de la princesse Isabelle, seule qualité dont il fit cas chez les femmes. Cette admiration, à une autre époque, n'aurait pas mieux demandé que de se changer en amour; mais pour le moment il se fût trouvé obligé d'opter entre l'amour matériel et l'amour platonique : quant au premier, il était tellement fatigué toute la semaine de manier le gouvernail de l'état, qu'il n'y avait pas d'orage ni de Virgile, n'y eût-il pas eu plus de pas à faire qu'il n'y a de pieds dans un vers de l'Énéide ou de commandemens sur les tables de Moïse, qui eussent été capables de le décider à accompagner une Didon dans une grotte voisine. Quant à l'amour platonique, il n'avait pas assez de temps à perdre d'un côté, ni assez à gagner de l'autre. Il se fit donc pour son usage personnel un petit amour tout froid, tout politique, tout coquet, tout courtisanesque, qui ne ressemblait pas plus aux deux autres que celui qui devait s'en servir ne ressemblait à un honnête homme : avec cet amour-là il était sûr de ne pas subjuguer la princesse, mais de subjuguer par elle :.. et, pour débuter, de subjuguer le prince son époux.

Au nombre des ressorts qu'il se proposait d'employer, figurait sa fille, pour laquelle il avait obtenu le poste de dame de compagnie de la princesse. Il fit part à son retour de ses intentions à sa femme, qui ne s'opposait jamais à la concoction des plans de son époux, afin d'avoir plus de force pour résister à leur exécution. Celui-ci lui plaisait assez, parce qu'il reculait l'alliance projetée avec Bouverot.

Mais voilà qu'un jour le lecteur se présenta devant madame de Froulay, tenant sous chaque bras un bulletin d'amour, l'un relatif à celui de Liane et d'Albano; l'autre à celui de Rabette et de Roquairol. L'étonnement de la mère ne peut se comparer qu'à celui du père qui, dans ce moment précisément, avait l'oreille posée sur le cornet acoustique en fer-blanc, chef-d'œuvre de Schropp de Magdebourg, qu'il avait placé dans la maison pour apprendre tout à son aise ce qui s'y disait. Mais cette double oreille n'était pas aussi contente qu'elle aurait pu l'être; car Augusti avait l'habitude de parler à demi-voix, ce qui n'est pas très-amusant pour les écouteurs. Donc, dans le filet à larges mailles que Froulay avait tendu, il ne put parvenir à pêcher que quelques mots incohérens, tels que les noms d'Albano et de Roquairol, et divers autres qui, pour toute autre intelligence que pour la sienne, n'eussent été que du hanscrit; mais qu'il parvint à coudre assez bien pour se douter de la vérité. Aussitôt qu'Augusti fut dehors, le ministre fit son entrée tenant son oreille à la main, et demanda à sa femme une relation de la relation. Ce brave homme aurait regardé comme injurieux à sa dignité de déguiser le moins du monde son habitude écouteuse, et, comme les plus blancs de tous les lis qui parent le plus incolore de tous les fronts impudens, au lieu d'être peints sur le sien, y étaient gravés avec un fer rouge, il mettait tout naïvement au fait les personnes qu'il avait écoutées et entendues, afin qu'elles n'en prétextassent cause d'ignorance. Madame de Froulay prit sur-le-champ un parti à l'usage de son sexe de tous les pays, celui de dire la vérité... à moitié : ainsi pour sauver le secret de sa fille, elle sacrifia celui de son fils, qui devait être le moins désagréable à son mari. En effet, l'alliance de Wehrfritz n'avait rien que d'honorable, et ce fut justement ce qui fit soupçonner au ministre qu'on lui cachait quelque chose; car le voile de tristesse qui couvrait les yeux de sa femme devait à coup sûr, pensait-il, avoir une autre cause que l'amour de Roquairol pour Rabette. Mais il eut beau faire, madame de Froulay aimait trop sa fille pour donner entrée à un tel loup dans son paradis, et elle éluda obstinément toutes les questions du malin vieillard.

Alors le loup porta plus loin sa dent carnassière : il eut tout à coup des douleurs d'entrailles qui nécessitèrent la visite du docteur Sphex ; et il se trouva qu'au nombre des médicamens que s'ordonna lui-même le loup, figuraient certains renseignemens à obtenir sur les allures du comte de Césara. Le médecin n'eut pas besoin de feuilleter long-temps sa pharmacopée : il se hâta d'envoyer ses charmans enfans à Blumenbühl et à Lilar, et, peu de jours après, le loup, parfaitement guéri, arriva chez la bonne Chariton et y demanda une lettre adressée à son fils, que ce dernier l'avait chargée de retirer pour lui.

Il en trouva effectivement une qu'il ouvrit avec un calme de conscience tout-à-fait digne d'éloges ; mais il n'y découvrit pas une seule ligne de l'écriture de sa fille ou d'Albano. Il y rencontra bien quelques mots au sujet d'un autre couple, dont il fit son profit comme s'ils avaient été les plus intelligibles du monde ; et il finit par lire dans le cœur de Liane comme s'il eût été ouvert devant lui. Trop grand pour s'abaisser à copier servilement un cachet, il se borna à sceller de nouveau la lettre avec une autre empreinte, et s'en alla tout aussi content que s'il eût fait la plus belle action du monde.

Nous allons le suivre tout à l'heure ; mais avant je prie mes lecteurs de s'arrêter quelques minutes devant la petite justification que j'ai composée pour le ministre, sous le titre de :

« Comme quoi il est bien de décacheter les
» lettres, sauf après à les recacheter, par
» rapport aux affaires d'état. »

Je n'examinerai pas s'il compétait au vieux de Froulay de prendre connaissance de lettres étrangères, soit en sa qualité de ministre, soit en celle de père. L'état, qui attèle aux lettres des chevaux de poste, semble au premier coup d'œil avoir le droit de regarder ces aveugles voyageurs sous leurs visières de cire à cacheter, afin de savoir s'il ne fournit pas des chevaux à des ennemis. L'état ne demande qu'à voir clair ; il ne veut que la vérité toute nue, sans enveloppe ; tout ce qui passe par ses portes, soit à cheval, soit en voiture, doit être forcé d'ouvrir sa bouche rouge et de dire son nom et ses affaires.

Puisque le soldat est obligé de montrer à

son officier les lettres qu'il écrit, l'habitant de la bastille au gouverneur, le moine à son abbé, le colon d'Amérique aux Hollandais (afin qu'ils les brûlent si elles les accusent), je ne sais pas comment un homme d'état, qu'il prenne l'état pour une caserne, pour une bastille, pour un *monasterium duplex* ou pour une possession européenne en Europe, pourrait lui contester le droit de regarder aussi si les lettres l'accusent... D'ailleurs lui, du moins, généralement parlant, ne les brûle pas, et c'est déjà quelque chose. On n'a qu'un seul tort dans tout cela : c'est que les lettres n'arrivent aux mains de l'état que fermées et poissées, ce qui est fort immoral, car cela le force à les ouvrir et à les refermer, à tirer la lettre de sa gaîne pour l'y remettre, ainsi que le cuisinier en agit à l'égard des escargots qu'il enlève à grand'peine de leurs coquilles, pour les y replacer aussitôt qu'ils sont cuits.

Je voudrais de tout mon cœur qu'à moi fût réservée la gloire d'éviter au gouvernement ce pénible débouchage des lettres, cette ennuyeuse imitation des L. S. ou *loco sigilli*, qui a quelque chose de fatigant, j'allais dire d'abominable : or, il s'agirait de changer un abus en droit, au moyen d'une petite disposition législative ; voyons laquelle.

Ne pourrait-on pas d'abord ordonner que les lettres devront être écrites sur papier timbré et enregistrées ? Par-là on saurait au bureau d'enregistrement, et d'avance, tout ce qu'elles contiendraient.

Ou bien ne pourrait-on pas placer les cachets dans la catégorie des monnaies, qui ne peuvent être frappées que par le gouvernement ? On en serait quitte pour établir un hôtel des cachets où chacun irait porter sa lettre pour qu'elle y reçût l'empreinte impériale, royale, princière, margraviale ou ducale, selon le pays qui adopterait ce moyen ingénieux.

Ou bien encore, ce qui serait peut-être préférable, on pourrait organiser une censure des lettres. Des gazettes manuscrites, des nouvelles à la main, et les lettres ne sont pas autre chose, qui renferment beaucoup plus de secrets importans que les autres, ne peuvent pas prétendre à être affranchies d'une censure à laquelle sont fort bien soumises les gazettes ordinaires. On en serait quitte pour faire imprimer un catalogue des lettres défendues, un *index expurgandarum;* et, par-là, les correspondans sauraient au moins à quoi s'en tenir.

On pourrait aussi assermenter supplétivement les directeurs des postes, et les forcer par-là à faire part au gouvernement de ce qu'ils ont lu eux-mêmes des lettres qui leur passent par les mains; alors ce qu'ils font à présent dans leur intérêt particulier, ils le feraient dans l'intérêt général, ce qui serait beaucoup plus moral.

Enfin, si le gouvernement trouve trop neufs ou trop durs les moyens de lire et de fermer les lettres que mon dévouement lui a suggérés, il n'aura qu'à continuer à les ouvrir comme il l'a fait jusqu'à présent.

Revenons à l'histoire.

Froulay courut chez sa femme, le rire sur les lèvres, et l'assura que sa fausseté à son égard n'était rien de nouveau pour lui; qu'il comprenait fort bien que le plan auquel elle travaillait avait pour but d'évincer M. de Bouverot, et que c'était pour cela que Rabette était venue à la ville, et que Liane avait été à la campagne ; mais qu'il prouverait à la jeune hypocrite que si elle avait une mère, elle possédait également un père. « Qu'on la fasse venir ! ajouta-t-il. *Je la ferai damer, mais sans vous et sans monsieur le comte.* Il faisait allusion à l'emploi de dame de compagnie qu'il destinait à sa fille.

Madame de Froulay répondit froidement à son époux, et rien n'irrite plus les gens bouillans qu'une allocution calme, que personne ne pouvait désapprouver plus vivement qu'elle une alliance avec le jeune Albano, et qu'elle s'engageait à la combattre aussi vigoureusement que celle avec Bouverot ; ce qui n'était pas s'engager à peu de chose.

Le vieux ministre ne s'attendait pas à cette proposition, et il s'empressa d'accepter la moitié qui lui plaisait, sans s'occuper de l'autre moitié qui ne lui convenait pas. Ainsi se conclut une ligue entre deux puissances ennemies pour en accabler une autre, sauf à continuer à se haïr après ; cela a souvent lieu ailleurs qu'entre mari et femme.

Je m'arrête ici tout court, en m'apercevant que les Espagnols qui me connaissent peut-être par de mauvaises traductions, et que les chevaliers autrichiens de la Toison d'Or, qui me connaissent peut-être par quelques contrefaçons, ont le droit incontestable de me demander pourquoi le deuil, et non la joie, est entré dans l'hôtel ministériel avec la connaissance d'un projet d'union entre Liane et un grand d'Espagne, fils d'un de ces chevaliers de la Toison d'Or qui ont souvent pour habitude de se saisir d'un sceptre allemand en guise de canne. Il n'y a pas un Espagnol que n'ait choqué cette anomalie.

Je répondrai aux deux nations : que les Froulay n'avaient à objecter à cette union, 1° qu'une seule petite chose, à savoir qu'elle ne se ferait jamais, attendu que la même raison qui a causé la surprise des Espagnols devait infailliblement décider le comte Gaspard à ne point jeter de pont entre son Saint-Gothard et la Jungfrau[1] ; 2° de la part du mari qu'une certaine préférence pour le chevalier teutonique et pour son argent, plus la vieille rancune du père d'Albano ; 3° de la part de la femme, à peu près les mêmes motifs que ceux

---

[1] Il y a dans cette phrase une intention de calembour en allemand. Jungfrau signifie tout à la fois vierge et le nom d'une montagne de la Suisse.

qui précèdent, en y ajoutant peut-être quelque projet particulier en faveur du lecteur Augusti ; mais il y avait encore quelque chose de plus : elle détestait Albano, non pas tant parce qu'elle trouvait en lui une grande ressemblance avec son fils et même avec son époux, pour la fierté, le bouillonnement des passions, la prétention à la supériorité sur l'autre sexe, que pour une autre raison : c'est qu'elle le détestait parce qu'elle ne pouvait pas... le souffrir. De même que, suivant le système de la prédestination, il y a des hommes qui sont damnés à l'avance, qu'ils méritent ou non le ciel après, de même une femme ne révoque jamais la haine à laquelle elle a condamné quelqu'un, malgré tout ce que peuvent dire en sa faveur la patrie et l'état, les années et les vertus de l'objet haï, la volonté de Dieu lui-même.

Il fut arrêté entre les deux puissances belligérantes, que, par égard pour le vieux directeur, on ne brusquerait pas la rupture avec le jeune Césara, et qu'on détacherait peu à peu Liane de son amour pour lui. Froulay espérait que cet intermède serait fini lors du retour de Bouverot qui, pendant le mois d'août, fréquentait davantage les tables de jeu des eaux que la cour.

Voilà dans quel gouffre horrible la pauvre Liane donna tête baissée le soir du beau dimanche qu'elle avait passé près d'Albano. D'abord elle fut minutieusement interrogée par sa mère, à laquelle elle se vit obligée de tout raconter depuis l'alpha jusqu'à l'oméga; et, quelque pur que fût le ruisseau d'amour qu'elle fit serpenter sous les yeux de madame de Froulay, elle ne put parvenir à la propitier. Au contraire; bien que, par un reste d'habitude, elle crût à demi ce que lui disait sa fille, elle se mit à blâmer de toutes ses forces ce qu'elle appelait une intrigue inconvenante, inachevable, insensée. Puis cherchant à la détacher d'Albano, elle lui traça son portrait tel qu'il devait être, selon elle, infailliblement un jour; portrait qui, certes, n'était guère flatté, car on y trouvait quelques traits du ministre et de Roquairol. La pauvre Liane se contentait de répondre timidement :
—O ma mère! il n'est pas ainsi, je vous le jure. La jeune fille qui, contemporaine déjà d'un autre monde, ne voyait dans celui-ci qu'un immense cercueil suspendu dans l'éther, ne

s'émut pas davantage lorsque sa mère lui donna l'assurance que jamais le comte Gaspard ne consentirait à son union avec son fils. Elle se borna à répondre, faisant allusion à la brièveté de sa vie : — Ah! notre amour a si peu d'importance!... Madame de Froulay se méprit sur le sens de cette phrase : elle n'y vit que le présage d'une victoire facile sur l'amour de Liane.

Mais voici venir le terrible ministre, armé de trompettes, de tocsins et de serpens à sonnettes ; il commença par demander avec colère à sa femme, parce qu'il n'avait rien pu entendre de la conversation, où diable elle avait serré son oreille? il voulait parler du tuyau de fer-blanc, dans lequel, comme dans la gueule du lion de Venise, venaient tomber tous les secrets, toutes les plaintes de la famille et des domestiques; il en avait, ajouta-t-il, le plus urgent besoin maintenant, depuis la dernière fredaine de sa fille. Les médecins siamois, pour préparer la guérison de leurs malades, commencent par les fouler aux pieds plusieurs fois; ils appellent cela les amollir. Telle fut la méthode qu'employa le tendre père de Liane. Il déblatéra avec volubilité sur les enfans qui se dérangent, qui s'amourachent derrière le dos paternel, sans s'inquiéter des vues politiques de ceux qui les ont mis au monde; puis il couronna sa philippique par quelques jurons fort énergiques.

Liane l'écoutait avec le calme d'une personne accoutumée à ces éruptions du volcan Froulay, et le regardait plutôt d'un air de compassion que d'un air de crainte... Cette résignation muette acheva d'exaspérer le vieillard, et il termina en ces mots : —Vous aurez soin, madame, de renvoyer demain avant midi au comte tout ce que vous avez reçu de lui, en y joignant son congé, et vous lui ferez valoir pour excuse l'emploi auquel vous êtes appelée. Tu vas être dame d'honneur de la princesse, entends-tu? quoique tu ne vailles pas la peine que j'ai prise pour toi.

— C'est cruel!... s'écria Liane en tombant dans les bras de sa mère. Il crut qu'elle parlait de sa séparation d'avec Albano, tandis qu'elle ne pensait qu'à celle qui l'éloignait de sa mère, et il lui demanda brusquement : pourquoi?

— Mon père, répondit-elle, il me serait si doux de mourir auprès de ma mère!

Il sourit ironiquement ; mais sa femme mit fin à la querelle en s'engageant pour sa fille à une entière obéissance. Le tourmenteur murmura quelques paroles au sujet d'une meilleure caution, et s'en alla ; mais il revint sur ses pas pour annoncer à sa femme qu'il voulait retrouver son oreille, dût-il la chercher lui-même dans toutes les armoires.

CYCLE LXXV.

Quelle laide matinée succéda à ce vilain jour! En s'éveillant, Liane trouva sur sa table un décret paternel qui contenait à peu de chose près tout ce qu'elle avait déjà entendu la veille : il se résumait ainsi : rupture sur-le-champ avec Albano; plus, six causes pour cette rupture : 1° la mésintelligence qui existait entre le ministre et le chevalier de la Toison-d'Or; 2° la trop grande jeunesse d'elle et d'Albano; 3° la place de dame d'honneur; 4° elle était sa fille, et cette rupture était le premier sacrifice qu'il exigeait d'elle; 5° elle pouvait voir par l'indulgence avec laquelle il avait approuvé l'amour de son frère, qu'il lui donnait pour exemple, qu'il ne cherchait que le bonheur de ses enfans; 6° dans le cas où elle se montrerait récalcitrante, il l'enverrait dans la forteresse de *** dont son oncle était commandant; et ni prières, ni larmes, ni mère, ni enfer ne l'en pourraient tirer qu'elle n'eût cédé.

— A quoi te décides-tu? lui demanda sa mère, qui entra dans sa chambre comme elle achevait cette agréable lecture.

— A souffrir, pour que lui ne souffre pas, répondit la victime.

Madame de Froulay crut, ou feignit de croire que le mot lui s'adressait au ministre, et elle ajouta : Quoi! tu ne me nommes pas, moi!

Liane rougit de la méprise et dit : « Pauvre fille que je suis! je ne demande pas à être heureuse, mais à rester fidèle..... Et dans ce moment, dans ce peu de secondes, son imagination la reporta aux scènes délicieuses de Lilar, à ces élans d'un amour passionné, si bien senti, si bien partagé.

— Vois comme tu es ingrate envers moi qui ai fait et supporté tant de choses pour toi, répliqua sa mère... et ces mots sans chaleur la rappelèrent des hauteurs célestes où elle planait, pour la jeter sans pitié sur la surface unie de la vie, qui ne lui offrait pour montagne que le peu de terre qui recouvrirait sa fosse! Comme le soleil n'était pas encore levé, quelques rares étoiles scintillaient encore au firmament, Liane leva les yeux vers elles, comme pour y chercher un regard de Caroline, qui lui apprît si elle devait se sacrifier à son amant ou à ses parens; mais les étoiles restèrent froides et muettes encadrées dans un ciel d'airain.

Cependant lorsque le soleil eut réchauffé la nature et son cœur, tout son courage lui revint, et elle résolut de beaucoup souffrir pour Albano; car, pensait-elle, Caroline n'aurait pas approuvé un amour auquel elle eût dû devenir parjure.

Dans la journée, madame de Frouiay chercha à creuser sous les racines du cœur de sa fille, pour l'arracher le plus délicatement possible. Dans le cours de cette opération anatomico-botanique, Liane demanda naïvement à sa mère : — Mais pourquoi donc est-il permis à mon frère d'aimer Rabette ?

— *Quelle comparaison!* dit la vieille dame. Ne vaux-tu pas mieux qu'elle?

—Je ne crois pas, répondit l'humble violette.

— Mais, continua madame de Froulay, le sauvage Césara ne t'a-t-il jamais fait de querelle

—Jamais : excepté quand j'avais tort, dit Liane avec candeur.

La femme du ministre commençait à s'apercevoir que les racines du myrte qu'elle voulait arracher s'étendaient plus loin qu'elle ne l'avait pensé d'abord, et, changeant son plan d'attaque, elle découvrit à sa fille le projet qu'avait son père de la marier à Bouverot. Elle crut que la terreur lui livrerait la place; mais elle se trompa encore : lorsqu'il s'agit d'une amputation, on n'a point peur d'une saignée au bras; de même s'il fallait qu'elle renonçât à Albano, que lui importait le reste?.. seulement elle se serra convulsivement sur le cœur maternel comme pour y chercher un refuge contre la persécution qu'on lui préparait.

Ce fut dans ce moment qu'entra le persécuteur.

— Ah!.. dit-il; puis, changeant de ton; mon oreille ne se retrouve nulle part, madame; pas un des domestiques n'a pu m'en donner la moindre nouvelle; il faut qu'on ait eu de bien bonnes raisons pour me la voler... Et toi? continua-t-il en se tournant à moitié amicalement du côté de sa fille.

Elle ne répondit rien, et se contenta de baiser le poing qu'il lui tendait avec autant de grâce que le pape tend son pied aux fidèles.

— Elle n'obéit point, répondit la mère.

— Cela prouve qu'elle vous ressemble, repartit galamment le mari, qui commençait à croire que l'attitude dans laquelle il avait trouvé les deux femmes, cachait quelque conjuration contre lui et Bouverot. Puis il recommença sa longue litanie de reproches et de menaces, et termina en engageant, avec toute l'urbanité d'un geôlier, sa fille à lui répondre.

— Mon père, dit Liane avec plus de fermeté que ses parens ne s'y attendaient, ma mère m'a tout dit hier et aujourd'hui; mais j'ai aussi des devoirs à remplir envers le comte...

Hélas! je ne demande seulement qu'à lui rester fidèle tant que je vivrai...

— *C'est bien peu!*.. répliqua le ministre avec ironie, et tout stupéfait de tant d'effronterie.

La jeune fille, dans le but de justifier son passé et sa mère, prit la belle et comique résolution d'émouvoir et de convertir son père à l'aide de l'histoire des apparitions de Caroline. Mais, afin de continuer à cacher cet arrêt de mort à sa mère, elle le pria de lui accorder une audience secrète. Lorsqu'elle fut seule avec lui elle commença par lui demander sa parole de taire à sa mère ce qu'elle allait lui révéler; il le lui promit en faisant une grimace que je ne peux mieux comparer qu'à celle que ferait en s'efforçant de rire un homme dont les lèvres seraient gelées. Honnête Froulay!.. qui, pendant sa longue carrière diplomatique, n'avait pu parvenir à former une alliance durable entre les mots promettre et tenir, qui ressemblent, relativement aux gens de son étoffe, à la foudre et à l'éclair dont on se sert au théâtre, lesquels, bien que dans le ciel ils soient réunis, sont mis en jeu sur la scène par deux machinistes différens.

Après avoir baisé le poing paternel, elle raconta toutes les scènes d'esprit que les lecteurs connaissent. Sans répondre un seul mot, le ministre prit sa fille par la main, et, la reconduisant près de sa mère, récita à cette dernière, avec une fidélité qui faisait plutôt l'éloge de sa mémoire que de sa manière d'envisager la religion du serment, tous les détails que Liane venait de lui communiquer. Pauvre enfant, qui n'avait pas prévu cette perfidie, et qui, les yeux baissés et les joues rouges, priait le ciel de ne pas laisser éteindre dans son cœur son amour pour son père!

Le but et le danger communs semblèrent marier les deux époux une seconde fois : lorsqu'il fait du verglas, les hommes aiment assez à entrelacer leurs bras. Mais au torrent d'invectives qui déborda sur elle, Liane se borna à répondre avec une respectueuse fermeté : qu'elle consentirait à tout, pourvu que le comte l'y autorisât, mais non autrement, parce qu'il avait sa parole.

— Est-ce là ton dernier mot pour nous? demanda madame de Froulay.

— Dieu me soit en aide! je n'en puis dire d'autre, répondit la jeune fille.

La femme du ministre, se tournant alors du côté de son mari, lui dit avec colère :

— Faites maintenant ce que vous croirez convenable, je m'en lave les mains, je suis innocente.

— Pas tout-à-fait, ma chère, repartit le vieillard, mais n'importe. A dater d'aujourd'hui, ajouta-t-il en se tournant vers sa fille, tu resteras enfermée dans ta chambre jusqu'à ce que tu te repentes, et que tu redeviennes digne de reparaître devant nous.

Pauvre enfant, il fait bien froid dans ton mois d'août, adieu ta moisson !.. Avant de procéder à l'exécution de la sentence paternelle, madame de Froulay, comme pour porter le dernier coup à sa fille, lui redemanda le livre de prières en français qu'elle lui avait prêté, et qu'elle n'était plus digne de lire, disait-elle. Jamais l'homme n'est plus petit que lorsqu'il veut punir et tourmenter sans savoir comment s'y prendre.

Comme celui qui gouverne, qu'il siége dans une chaire ou sur un trône, ou, comme les parens, tout à la fois dans l'une et sur l'autre, regarde l'obéissance passée de l'être prosterné devant lui, lorsqu'une fois il s'en est écarté, plutôt comme une aggravation que comme une circonstance atténuante, il se trouva que la mère de Liane ne lui sut point le moindre gré de ses longues années de soumission. Elle haïssait son amour si pur, qui brûlait comme l'éther sans cendre et sans fumée ; et cela avec d'autant plus de raison que son amour à elle n'avait jamais été qu'un triste feu de cheminée.

Enfin la pauvre persécutée goûta un moment de douloureux repos, lorsque la porte de sa chambre fut fermée sur elle... ce n'était pas une prison, car elle y pouvait du moins pleurer en liberté.

Avant de se coucher elle voulut, comme à l'ordinaire, ouvrir le livre de prières de sa mère, mais elle se souvint avec effroi qu'on le lui avait repris. Alors elle leva vers Dieu ses yeux baignés de larmes, et chercha dans son coeur brisé une fervente prière... sublime oraison, dont les anges seuls ont compté les mots et les pleurs!...

CYCLE LXXVI.

Froulay ne laissa pas sa fille long-temps seule; il la fit appeler, non pas pour l'entendre ou pour la délivrer, mais pour se faire d'elle un cicérone qui lui expliquât les tableaux de la galerie du prince Luigi, afin que, lorsqu'il la ferait voir à la princesse Isabelle, il pût au moins jouer autre chose que la pantomime. Il fallut qu'elle donnât son opinion sur chaque tableau et en nommât l'auteur; quand elle eut répété une douzaine de fois la même chose, son père la ramena, sans seulement lui sourire pour la remercier.

Elle revit sa mère à l'heure du dîner; mais elle lui trouva l'air si sérieux qu'elle n'osa pas l'embrasser. Le repas ressemblait, pour la gaieté, à des funérailles. Il n'y avait que le vieux ministre qui fût en appétit; c'était un philosophe qui aurait fort bien dansé son menuet de noces au milieu des morts et des mourans d'un champ de bataille. D'ailleurs lorsqu'il était en querelle chez lui, il ne manquait jamais de dîner en *famille*, et il stimulait son appétit par quelques mots piquans.

Ce fut justement le premier jour de ses arrêts forcés dans sa chambre, que Liane y resta le moins. A peine le dîner fut-il achevé qu'on lui dit de s'habiller pour aller rendre visite à la princesse Julienne. Tout lui déplut dans cette visite : le prince Luigi, avec son air triomphant au sujet de son mariage... pauvre homme! le Bouverot, qui était revenu du pharaon et qui semblait à Liane plus laid que jamais depuis qu'elle savait ses intentions sur elle... La jeune Julienne elle-même, qui se rejeta sur ses grands préparatifs pour la fête, afin de s'excuser de sa négligence envers son amie, et qui parla de l'amour et des hommes d'une manière toute nouvelle et toute incompréhensible pour l'innocente Liane.

Elle trouva en rentrant à la maison une surprise fort agréable dans la personne de Rabette, qui fut reçue avec de grands complimens par les époux Froulay ; on alla même jusqu'à lui donner, dans la personne de la femme du ministre, une garde d'honneur qui ne la quitta pas plus que son ombre. La rusée chercha bien à se procurer une entrevue plus intime avec son amie, en demandant au ministre qu'il lui permît de l'emmener avec elle à Blumenbühl, mais on lui accorda plus qu'elle ne voulait, car on lui donna généreusement la mère et la fille.

La pauvre Rabette avait laissé derrière elle une pomme de discorde dans la maison du ministre, sur laquelle Liane s'agaça les dents à son retour. Pour mieux profiter de ce nouveau sujet de querelle, Froulay soupa en *famille*, ainsi qu'il avait dîné. La naïve fille de Wehrfritz avait laissé échapper un mot au sujet de la charmante partie de plaisir d'un certain dimanche à Lilar. Le ministre se tournant du côté de Liane, lui dit avec toute la bonhomie d'un tigre : « Tu ne nous as pas dit un mot de cette partie, ma fille ! »

— J'en ai parlé sur-le-champ à ma mère, répondit-elle.

— Mais je prendrais aussi volontiers part à tes plaisirs, répliqua Froulay en se mordant les lèvres. De là il partit pour lancer toutes les foudres paternelles... Puis il en revint à sa maudite oreille sur laquelle il ne pouvait pas remettre la main... Puis il parla en français pour que les domestiques ne le comprissent point, ce qui était assez inutile, car il leur était facile de lire sur les traits de leur maître une version interlinéaire de ce qu'il disait. Après avoir torturé la fille, il se jeta sur la mère, lui reprochant ses éternelles cachotteries. La pauvre femme se contenta de se tourner du côté de Liane, en lui disant : « Pour qui est-ce que je souffre tout cela ? »

— Ah ! je le sais bien, répondit-elle.

Et le bourreau, content d'avoir d'un seul geste retourné son poignard dans deux blessures, s'en alla s'occuper de ses affaires.

Cette douleur et cette contrainte de tous les instans s'accrurent encore de ce qui aurait dû les diminuer. Voici comment : le ministre, à son grand déplaisir, se trouvait forcé d'avoir toute la journée recours à la mère et à la fille pour qu'elles eussent à l'assister dans une des opérations les plus difficiles dont il pût être chargé, qui n'était rien moins que de trouver le moyen de se rendre le plus beau, le plus jeune et le plus gracieux possible. C'était certes là une rude tâche. Il avait résolu de se métamorphoser en véritable élégant, en oiseau de paradis, et de réunir dans sa personne les élémens constitutifs de l'homme d'état et du courtisan; il voulait enfin se transmuter en Aristippe revêtu des habits de Diogène, ou en Diogène habillé en Aristippe, *ad libitum*. On n'en finirait pas si l'on essayait de donner la liste des étoffes, des essences, des cosmétiques dont le vieux Céladon s'entoura pour se rendre plus ridicule qu'il n'était déjà, afin d'assister dignement aux noces du prince. C'eût été chose curieuse de voir ce satyre tirer, lorsqu'il était seul, de petites pinces de son portefeuille, pour arracher de ses sourcils les poils que, de même que sur le dos d'un cheval, la selle de la vie avait blanchis. Froulay seul était capable de se regarder sans rire dans la glace, lorsqu'il s'évertuait à chercher la plus jolie manière de sourire ou de se laisser tomber sur un canapé... Que de fois il se laissa tomber!

Par bonheur pour la mère et pour la fille,

le lecteur Augusti vint leur faire visite. Il promit son secours, à condition qu'il lui serait permis d'avoir un entretien particulier avec Liane. Ce point lui fut concédé, et il alla trouver la recluse.

Cet ami de son enfance toucha les cordes les plus sensibles de son cœur... Il lui parla de l'égale amitié qu'il avait pour elle et pour Albano... du caractère du ministre.... de la nécessité de choisir de prudentes règles de conduite. Enfin il lui proposa son alliance si elle voulait s'engager solennellement à satisfaire aux exigences paternelles, en ne voyant pas le jeune comte jusqu'à ce qu'il eût obtenu une réponse de don Gaspard à la lettre que, comme accompagnateur d'Albano, il avait cru de son devoir de lui écrire pour lui faire part de l'amour de son fils. — S'il dit non, ce que je ne garantis pas, ajouta Augusti, ce sera à Albano à attendre le mot de l'énigme ; s'il dit oui, je me charge d'obtenir celui de vos parens ; mais avant tout il faut que vous me promettiez de garder le silence sur mon intervention.

Elle s'y engagea, mais elle demanda en tremblant dans combien de temps la réponse pourrait venir.

— Six, huit, onze jours après le mariage du prince, répondit-il après avoir calculé.

— Ah! mon bon Augusti, reprit-elle en soupirant, nous souffrons tous... et lui? demanda-t-elle en baissant la voix.

— Il travaille beaucoup, dit le lecteur.

On eut cependant de la peine à obtenir du ministre cette levée d'arrêts de huit jours; il pensait qu'on en voulait profiter pour le tromper; mais il céda pour un seul motif: il convenait à sa vanité que sa fille fût fraîche et jolie lorsqu'il la présenterait à la nouvelle princesse, et il craignait que la captivité ne la pâlit.

Dans ces entrefaites Roquairol revint de la cour de Haarhaar, et jeta quelques jolis nuages roses sur le ciel gris de sa sœur. Il avait pour elle une lettre d'Albano, qu'il chercha à glisser dans son sac à ouvrage; mais elle s'en aperçut et lui dit: — Non, mon frère, pas à présent, c'est contre mon serment... mais plus tard, peut-être...

Charles vit d'un coup d'œil toute la profondeur de l'abîme ouvert devant sa sœur et devant son ami; mais il songea moins à lui qu'à elle ; et quand le ministre, qui était tout amitié pour lui et qui venait de lui faire cadeau d'une selle magnifique, lui eut parlé de la visite de Rabette et des prochaines fiançailles, il lui répondit avec fermeté qu'il retarderait son bonheur jusqu'au moment où sa sœur serait heureuse. Désireux, toutefois, de profiter de sa faveur auprès de son père pour améliorer le sort de Liane, il fit part au ministre d'un projet qu'il avait conçu, et qui n'était rien moins que celui-ci : la future princesse idolâtrait sa sœur Idoine, mais elle était privée du plaisir de la voir, par suite d'un bannissement auquel cette dernière avait été condamnée pour avoir refusé d'épouser un trône. Roquairol voulait profiter de la ressemblance qui existait entre elle et Liane pour faire paraître celle-ci dans la cérémonie du mariage, sous les habits d'Idoine, afin de procurer à la mariée la vue d'une sœur chérie.

Cette pensée fut le tabac nécessaire pour remplir le calumet de paix qui devait se fumer entre le père et le fils... Froulay en fut ravi, et courut chez le prince et chez Julienne pour obtenir leur assentiment. Lorsqu'il l'eut obtenu il fit part du projet à son Oreste-Bouverot, en lui disant : — *Il m'est venu une idée très-singulière, qui peut-être l'est trop ; cependant le prince l'a approuvée, etc.* Puis il alla communiquer cette idée à Liane qu'il était sur le point d'oublier.

Il ne fut pas facile de décider la mère et la fille au rôle qu'on préparait à celle-ci. Cependant ces obstacles se levèrent grâce aux prières de Roquairol, à qui Liane ne savait rien refuser, et, pour quelques jours, la paix sembla rétablie dans le vatican ministériel.

Et le cœur souffrant de la bien-aimée d'Albano se disposa à prendre part aux fêtes somptueuses que vont donner, comme cadeaux d'étrennes, les cycles suivans, à l'occasion du commencement d'une nouvelle période de jubilé.

DIX-SEPTIÈME PÉRIODE DU JUBILÉ.

SOMMAIRE.

Entrée de la princesse Isabelle. — Illumination de Lilar.

CYCLE LXXVII.

La joie se trouvait de nouveau permise pour huit jours, d'une frontière à l'autre de la principauté de Hohenfliess, le deuil public avait été interrompu pendant ce court espace de temps, et tous les théâtres auraient eu le droit de jouer, s'il y en avait eu. C'était l'entr'acte d'une pièce triste, pendant lequel on buvait du punch et mangeait des gâteaux, sauf à se remettre à pleurer quand la toile se lèverait de nouveau.

Luigi monta à cheval le matin de l'arrivée de la princesse, en compagnie d'Albano et de Bouverot. C'étaient sans contredit les trois hommes de la principauté qu'intéressait le moins la cérémonie; le prince surtout, qui, ainsi qu'on l'a vu dans un des cycles du premier volume, pouvait bien devenir un père de la patrie, mais jamais un père de famille. Césara s'étonnait qu'il conservât autour de lui l'horrible déracineur de son arbre généalogique, et il ne pouvait concevoir qu'il ne chassât pas ignominieusement Bouverot. Bon jeune homme! il est plus facile à un prince de se débarrasser des gens qu'il aime que de ceux qu'il hait depuis long-temps; sa crainte est toujours plus forte que son amitié.

A un quart de lieue au-delà de Hohenfliess on aperçut le cortége de la princesse, laquelle était précédée de son Gibbon aux grands bras, compagnon indispensable de toutes ses excursions, qu'on est prié de ne pas confondre avec son homonyme, l'historien anglais aux grands ongles et aux courtes thèses contre les chrétiens. Celui dont nous parlons était tout bonnement un habitant des îles Moluques, de l'espèce des orang-outangs.

Après parut, montée sur un superbe cheval, l'héroïne de la fête, grande et majestueuse femme qui semblait beaucoup plus occupée de jouir du paysage que de la vue de sa suite ou de ceux qui venaient au-devant d'elle. Enfin elle salua et embrassa avec dignité son fantôme de fiancé.

Albano lui fut présenté par le prince; elle lui parla avec beaucoup de laisser-aller de son père don Gaspard, comme si elle avait oublié que, pendant un moment, il s'était vu sur le point de prendre la place réservée maintenant au débile Luigi. Elle fit l'éloge de ses connaissances dans les beaux-arts; ces fleurs, dit-elle, qui naissent sous les pieds de ceux qui les aiment.

La princesse gagna beaucoup dans l'esprit de Césara, par le cas tout particulier qu'elle faisait de son père; et lorsqu'ils se trouvèrent un peu éloignés du prince et du cortége, il lui demanda comment, avec sa passion pour les beaux-arts, ellle pouvait se plier aux stupides exigences du cérémonial que commandait son rang.

— Dites-moi, lui répondit-elle, quelle est la position sociale qui puisse se vanter d'en être exempte? Où ne trouve-t-on pas des prêtres et des avocats?

On s'arrêta sous une tente élevée à l'extrême frontière des deux états; là, pour se conformer à l'usage, la princesse descendit de cheval et revêtit un autre costume éblouissant de magnificence, qui l'embellit encore. Puis elle monta dans un carrosse de gala et fit son entrée dans Hohenfliess, et, plus tard, dans Pestitz, au milieu de nombreuses et unanimes acclamations.

Toute la population hohenfliessoise était sortie de Pestitz pour aller au-devant de la future souveraine. Des comédiens avaient été chargés de représenter devant Isabelle un petit intermède sorti de la plume galante du vieux Froulay, dans lequel, délicieuse imitation mythologique, l'hymen enlevait une vierge à l'amour. La pièce jouée, parut l'auteur qui, changeant de peau, de poète était devenu diplomate : il prit la parole au nom du peuple, docile mandant de tant de mandataires dont il se soucie autant que ceux-ci se soucient de lui, et félicita la belle fiancée sur son arrivée dans ses états, et sur sa prochaine union avec le bel habit de marié qui marchait à côté d'elle. Il était en verve l'honnête vieillard, et sa harangue eût duré plus long-temps, si la haranguée ne s'était hâtée de lui faire une profonde révérence, et de se porter en avant.

Mais elle n'était pas au bout: il y avait encore une voiture remplie de trompettes et de timbales destinées à hurler l'allégresse. Au beau milieu de ces instrumens suaves se trouvait perché le bibliothécaire Schoppe, qui ne laissait jamais échapper l'occasion d'une de ces fêtes prétendues populaires, parce que, disait-il, les hommes ne sont jamais plus ridicules que lorsqu'ils agissent en masse. Il s'était fait une thèse qu'il soutenait de son mieux, d'après laquelle tout ce qu'on faisait, selon lui, devait avoir pour but de renvoyer la princesse d'où elle venait, et non de l'inviter à entrer à Pestitz. Il argumentait ainsi : 1° dans la principauté d'Anspach les fermiers sont autorisés à chasser de leurs champs ensemencés les cerfs qui, poursuivis par la meute, s'y sont réfugiés; mais pour cela il leur est défendu d'employer aucune arme : c'est à force de crier qu'ils doivent, en effrayant l'animal, le chasser de chez eux; 2° on place dans le voisinage des cerisiers des morceaux d'étoffe, ou de fer-blanc doré, afin que les moineaux ne s'en approchent pas. Or, j'aperçois un arc-de-triomphe magnifique, entouré de dorures et de costumes éclatans, j'entends un vacarme épouvantable : donc on veut éloigner les moineaux, c'est-à-dire la princesse; on veut renvoyer le cerf, c'est-à-dire encore la princesse, à moins qu'on ne fasse une autre application dont j'aurai soin de me garder. *Quod erat demonstrandum.*

Albano entendit une multitude de ces complimens si pompeux et si vides, si sonores et si peu sincères, dont les courtisans de Pestitz rompirent les oreilles des nouveaux époux. Il vit avec quel aplomb, quelle froideur le prince reçut ces hommages de convention; où lisait sur sa figure toute la satiété que donne l'usage immodéré des bonnes choses... On lui mentait effrontément au nez; il le savait, et il remerciait en souriant. Oh! pensa Césara, peut-on s'étonner que les princes auxquels on en impose si grossièrement, en imposent à leur tour et apprennent à flatter à force d'être flattés!...

Chaque fois que l'occasion s'en présentait,

la princesse jetait à Albano un regard ou un mot; il était le seul homme dans toute la foule qui lui semblât digne de ce nom; elle trouvait en lui de la ressemblance avec son père. Roquairol dit à l'oreille de son ami qu'elle ne lui plaisait pas du tout avec tout son esprit alambiqué; mais le jeune comte, mû d'un côté par le souvenir qu'elle avait été l'élue de son père, et de l'autre par la haine qu'il éprouvait pour les sacrificateurs de cette tendre victime, ne pouvait que la plaindre; car, pensait-il, elle sera peut-être forcée de haïr, parce qu'elle n'a pu aimer. Combien de nobles femmes qui, éprises du désir d'admirer et non d'être admirées, devinrent fortes, savantes, presque grandes, puis descendirent malheureuses, coquettes et froides des hauteurs qu'elles avaient atteintes, pour n'avoir trouvé que deux bras où elles cherchaient un cœur!...

CYCLE LXXVIII.

C'était une belle soirée que celle qui vit illuminer Lilar; jamais le firmament n'avait resplendi de plus d'étoiles. Des flots de peuple, toujours âpres aux réjouissances et qui, par une espèce de convention tacite, sont convenus de s'étonner et d'admirer toujours de père en fils, pour n'en pas perdre l'habitude, se pressaient dans les jardins enchantés de Lilar.

Le temple du Songe, pavillon gracieux où devait apparaître Liane, n'attendait plus que ses augustes hôtes. Ils y vinrent : le prince donnait la main à sa compagne d'un jour, et Roquairol, l'ordonnateur en chef de la fête, servait de guide à Albano.

L'extérieur de ce temple n'avait rien qui préparât aux merveilles de l'intérieur. Les fenêtres partaient du toit et se prolongeaient jusqu'au plancher ; au lieu de supports et de cadres, elles étaient entourées de rameaux et de feuillage. Aussitôt que la princesse eut fait son entrée par une porte en glace, il lui sembla que le pavillon avait disparu ; on croyait être dans un endroit solitaire protégé par quelques troncs d'arbres, et traversé par toutes les perspectives du jardin. Comme par l'effet de la baguette d'un magicien, tous les points opposés de Lilar se trouvaient réunis ; près de la montagne de la maison du Tonnerre se voyait celle de l'Autel ; près de la forêt délicieuse le funèbre Tartare. Le loin et le près se donnaient fraternellement la main. Tandis que la princesse était perdue dans la contemplation de tant de merveilles, parut devant elle Liane, dans le costume favori d'Idoine ;

lorsque la princesse, trompée par la ressemblance, se fut écriée : « Idoine ! » elle lui répondit à voix basse : *je ne suis qu'un songe*. Elle devait ajouter encore quelques mots en lui présentant un bouquet ; mais profondément émue du ton avec lequel Isabelle s'écria : *sœur chérie !*... elle n'eut que la force de tomber dans ses bras et de la serrer convulsivement sur son cœur.

Lorsqu'elle leva les yeux après ce mouvement si passionné, ils rencontrèrent la pâle figure d'Albano, pâle de douleur et non de souffrance physique. Pour se soustraire à la fascination de son regard, elle embrassa de nouveau la princesse ; mais, la seconde fois comme la première, en se relevant elle aperçut, immobile comme une statue, et blanc comme elle, celui qu'elle aimait comme elle n'avait jamais aimé... Ils ne se saluèrent point, et ce fut ainsi que commença pour eux cette soirée joyeuse.

La princesse attira derechef le pauvre Césara dans son rapide tourbillon ; Liane ne la quittait plus : ils parcoururent ainsi tous trois, surveillés de loin par madame de Froulay et par Augusti, les endroits les plus pittoresques de Lilar, sur lesquels d'innombrables verres de couleur jetaient des torrens de fantastique clarté. Ils arrivèrent ainsi de sentier en sentier jusqu'à la porte de la maison du Tonnerre; et c'était chose cruelle que de voir les deux amans fouler silencieusement et sans se regarder, un sol si fécond pour eux en souvenirs, théâtre des premiers instans de bonheur qu'ils eussent connus dans la vie... Comme elle devait leur paraître chauve et fanée cette Arcadie de leurs beaux jours !

On vint à parler du père Spener, et la princesse, dont les idées philosophiques avaient chassé les idées religieuses, se prit à railler le vieillard et ses bizarreries dont elle avait déjà entendu parler. Liane prit sa défense avec un enthousiasme si vrai, si contagieux, qu'il gagna jusqu'à la railleuse elle-même, qui ne se sentit plus la force de continuer ses plaisanteries. Hélas ! pensa Albano, elle était éloquente aussi pour moi il y a peu de jours encore. Et il resta en arrière, parce que le scepticisme de la princesse commençait à lui peser.

Il n'y a qu'en moi, se dit-il, que la douleur agit, ce n'est que mon cœur qu'elle ronge...

Elle ne souffre pas ; elle a pour chacun un sourire, et jamais elle ne fut plus jolie. — Va, continua-t-il en se parlant à lui-même, va sur le rocher de Gaspard... Ton père n'a jamais plié, sois son fils... Il y fut, et, dans cette morne solitude qui contrastait avec la gaieté répandue dans le reste du jardin, comme ses sentimens contrastaient avec ceux des indifférens qui s'y promenaient, il lui sembla qu'une voix intérieure lui disait : Voici ta première douleur sur la terre.

Comme il rentrait dans la partie éclairée de Lilar, il aperçut Liane et Augusti qui s'éloignaient de la foule. Je veux lui parler, pensa-t-il, quelle qu'en puisse être la conséquence. Lorsqu'il fut près d'elle, il vit qu'elle cherchait à retourner parmi le monde qu'elle avait quitté ; mais il ne lui en laissa pas le temps. — Liane, que t'ai-je donc fait ? lui demanda-t-il d'un ton profondément ému, sans s'occuper de la présence du lecteur.

— N'exigez point de réponse aujourd'hui, cher comte, répondit la jeune fille en se hâtant de prendre le bras d'Augusti. Albano ne s'aperçut point qu'elle avait cherché cet appui parce qu'elle se sentait défaillir, et il crut qu'elle agissait ainsi pour le braver. Il jeta sur cet homme un regard foudroyant, dans l'espoir qu'il s'en offenserait et qu'il pourrait se venger; mais lui et Liane s'éloignèrent en silence.

Après avoir erré de tout côté sans savoir où il était ni où il allait, il se trouva tout à coup dans le temple du Songe; il s'y promena à grands pas en se répétant à lui-même à plusieurs reprises: «Je ne suis qu'un songe...» Mais, persécuté par les glaces qui répétaient partout ses traits décomposés par la pâleur, il se hâta d'en sortir pour se diriger du côté de sa paisible demeure. — Que cette nuit soit une fois passée, s'écria-t-il, et demain je serai ferme et courageux.

Non loin de l'entrée des catacombes, il rencontra Roquairol et Rabette qui en sortaient. Une vive émotion se peignait sur les traits du premier; quant au visage de sa compagne, il était impossible d'y lire quelque chose, car elle le voila aussitôt qu'elle aperçut son frère adoptif. Celui-ci, trop fortement préoccupé de sa douleur, ne remarqua pas l'embarras du jeune couple, mais il se tourna vivement du côté de Charles, et lui dit :

— Es-tu un ami ou un diable ? Tu m'avais dit d'attendre cette soirée, elle est venue, elle est passée et j'attends toujours. Va-t-en, et ne me parle plus.

Roquairol et Rabette restèrent sans voix devant lui ; Césara attribua leur émotion à la part qu'ils prenaient à son désespoir ; il ne voulut pas troubler plus long-temps leur tête-à-tête, et il s'éloigna rapidement.

Dans ce moment il entendit un cri qui semblait venir des bords de la Rosana ; il y courut : une jeune femme était sur le point de s'y noyer. ... C'était la pauvre aveugle de la hutte de Senne. Quelle mine de souvenirs cette apparition ouvrit dans son cœur !... Où était-il le temps où il l'avait vue pour la première fois ? Il rêvait alors un ami, une amante ; tous deux sont venus, mais tous deux sont partis ! car Charles lui-même était changé pour lui, et il se trouvait seul dans ce monde si froid, si égoïste... Pauvre hutte de Senne, que ne donnerait-il pas pour t'habiter encore !... Il remit l'aveugle sur son chemin, et lui demanda :

— S'amuse-t-on encore là-bas? — Tout est fini, répondit-elle.

—A demain donc!.. s'écria Albano en franchissant le seuil de sa retraite.

DIX-HUITIÈME PÉRIODE DU JUBILÉ

SOMMAIRE.

Lettre de don Gaspard. — L'église de Blumenbühl. — Éclipse d'ame et de soleil.

CYCLE LXXIX.

Voici à quoi étaient occupés nos divers acteurs le lendemain matin : à Blumenbühl, Rabette, assise dans un coin, cherche à faire disparaître la rougeur dont ses larmes ont enlaidi ses yeux. Albano vient de Lilar, regarde la terre et non les hommes, et se dirige du côté de l'observatoire de Blumenbühl. Roquairol rassemble chevaux et cavaliers, et galope au loin. Augusti secoue la tête tristement en lisant des lettres d'Espagne. Liane est assise sur un fauteuil, la tête appuyée sur sa main. Son père va et vient dans la chambre, et l'interpelle avec colère; la pauvre fille ne répond que quelques mots en joignant les mains. Nous saurons avant peu ce que cela signifie.

On pourra juger de la profondeur de la blessure faite au cœur d'Albano, par les bandages dont il l'entoura. Le lendemain de la scène cruelle de Lilar il donna un libre cours à sa douleur; il chercha à expliquer de toutes les manières possibles la soudaine froideur de Liane, et, les résumant toutes, il se dit : Ou bien elle m'est fidèle, et elle ne cède qu'aux violences de ses parens; alors il s'agit de lutter contre eux, et le mal n'est pas sans remède; ou bien, soit par faiblesse, soit par amour pour ses parens, elle a renoncé à moi... Dans ce cas je ne dois pas sacrifier ma vie, mon avenir à une passion sans espoir; je ne dois plus verser des larmes de sang sur un amour si indignement traité; je ne dois plus laisser en friche les beaux champs de ma jeunesse. Pauvre jeune homme, qui prenait ce besoin de consolation pour de réelles consolations !

Albano passait chaque soirée à l'Observatoire de Blumenbühl. Las de ce qu'il voyait sur terre, il aimait à chercher dans le ciel de consolantes idées. Ce soir-là, il était tard, la nuit était claire, et déjà plusieurs fois le jeune comte avait dirigé le télescope sur divers points, lorsque tout à coup il aperçut dans l'église de Blumenbühl, sur laquelle il se trouvait braqué, des lumières, la tombe du vieux prince ouverte, Liane agenouillée devant l'autel, les mains levées vers le ciel, et, à côté d'elle, un vieillard qui la bénissait... Mais les cierges, la tombe, Liane et le vieillard lui apparaissaient sens-dessus-dessous, parce que le télescope retournait les objets.

Césara pria en tremblant l'astronome qui était avec lui dans l'observatoire, de regarder dans la direction qu'il lui indiqua. « Il y a du monde dans l'église, voilà tout, répondit-il avec indifférence.... Mais Albano s'élança brusquement hors de la chambre, sans écouter l'astronome, qui l'invitait pour le lendemain à une éclipse totale de soleil qui serait visible à Blumenbühl, et courut du côté de l'église. Lorsqu'il y fut arrivé, une obscurité profonde y régnait; il frappa à plusieurs reprises à la porte, mais l'écho seul lui répondit. Fatigué d'ébranler en vain cette porte, il prit lentement la route de sa maison du Tonnerre, mais ce ne fut que vers le matin que le sommeil ferma ses yeux appesantis par la fatigue.

Il faisait à peine jour lorsque le lecteur entra dans sa chambre et lui dit, à sa grande surprise, qu'il était chargé pour Liane de lui demander de la revoir seule à midi. Albano ne savait s'il devait en croire ses oreilles, et, content pour la première fois de voir Augusti, il se hâta de lui répondre un oui, à voix basse. Mais, pensait-il, sera-t-il jamais midi?

CYCLE LXXX.

Allons près de Liane, c'est là qu'habitent les énigmes.

Le lendemain de l'illumination, pâle et défaite par suite des efforts qu'elle avait faits la veille, elle réfléchit à sa conduite, à ce serment par lequel elle s'était inconsidérément liée.—En quoi, se disait-elle, ce noble jeune homme a-t-il mérité que je brise son cœur? Comme il me regardait souvent d'un air suppliant et cependant sévère!...

Elle sentait maintenant mieux que jamais combien il lui était cher, et ses pensées se tournèrent vers la lettre d'Espagne... Sera-ce une flèche empoisonnée ou une étoile bienfaisante?...

Augusti avait reçu cette lettre avant la fête; mais il avait jugé convenable de ne pas en parler qu'elle ne fût passée. La voici :

« J'apprécie comme je le dois votre inquiétude, mais je ne la partage pas. L'amour d'Albano pour mademoiselle de Froulay, dans laquelle j'ai remarqué souvent une certaine virtuosité de vertu, si je puis m'exprimer ainsi, nous met, ainsi que lui, à l'abri de toute la machinerie des esprits, d'une part, et d'intempestives alliances de l'autre, qui auraient pu nuire à ses études. Il faut laisser un libre cours à ces amusemens de jeunesse. S'il tient fortement à elle, ce sera à lui de voir comment il dénouera l'intrigue. Pourquoi d'ailleurs lui enlèverions-nous ce moment de bonheur qui doit être si court, d'après ce que vous me dites malheureusement de l'état de maladie de la jeune fille? Je le verrai à la fin de l'automne. Sa robuste nature saura bien le préparer à supporter une

» perte. Assurez toute la famille Froulay de
» mes sentimens les plus distingués. »

G. de C.

Le lecteur Augusti aurait de grand cœur mis au pilon ce morceau de papier qui renfermait si peu de choses qu'on pût montrer. Toutefois, il pensait qu'il serait possible que la cruelle ironie que Gaspard employait dans cette lettre, au sujet de la santé débile de Liane, ne fût point sentie par cette dernière; peut-être même regarderait-elle cet aquilon d'égoïsme qui soufflait dans toute l'épître, comme un vent alisé favorable à Albano, et ne s'en effraierait-elle point. Qui sait aussi si elle ne prendrait pas le *non* déguisé du chevalier pour un *oui*, et s'il ne lui deviendrait pas facile de se tromper mortellement en saisissant la corde qu'Augusti lui tendait pour la sortir de l'abîme où elle était plongée?

Il fallait cependant que la lettre fût montrée; mais il ne s'y décida qu'après s'en être long-temps défendu; il espérait qu'en se faisant ainsi prier, le voile qui cachait le *non* de Gaspard tomberait devant Liane. Elle la lut timidement, sourit en pleurant au passage ironique, et dit avec douceur :« Ah! c'est bien vrai!... » Le lecteur avait déjà une demi-espérance. « Si le chevalier pense ainsi, continua-t-elle, pourquoi ne penserais-je pas comme lui? Non, mon cher Albano, maintenant je veux t'être fidèle... Puisque ma vie doit être si courte, qu'au moins je l'emploie comme je l'ai promis.

Elle remercia Augusti avec tant de chaleur pour cette flèche venue d'Espagne, qu'il ne se sentit pas le courage d'en enfoncer dans son cœur la pointe empoisonnée. Elle le pria de ne point assister à l'explication qu'elle allait avoir avec son père, mais de la défendre auprès de sa mère. Il y consentit.

Cette douce créature parut avec calme devant le ministre, et, sans se laisser effrayer par les éclairs de ses yeux et le tonnerre de sa voix, elle conduisit à fin son explication, et lui dit qu'elle se repentait vivement de l'amour que désapprouvait son père; qu'elle était prête à subir toutes les punitions qu'il lui plairait de lui infliger, et à faire auprès de la princesse tout ce qu'elle pourrait désirer, mais qu'il lui était impossible d'offenser plus long-temps le comte de Césara par l'apparence d'un changement à son égard qu'il ne méritait pas. Cette allocution simple et ferme, à laquelle le vieillard ne s'attendait point, le prit au dépourvu, et il ne put que dire le peu de mots aimables qui suivent : « *Imbécile!*... tu n'en épouseras pas moins M. de Bouvcrot... Il doit te peindre demain,... tu poseras devant lui. » Puis il la prit brusquement par la main, et la conduisit chez sa mère. Là, il continua de la sorte : « Elle restera dans sa chambre, soumise à la plus active surveillance ; personne ne devra la voir, excepté mon gendre.... Il veut peindre *l'imbécile en miniature*. Va-t'en. »

Augusti, qui n'avait jamais été amateur de ces petites escarmouches conjugales, était déjà parti. La guerre de trente ans des époux (il ne s'en manquait que de peu d'années pour que ce chiffre fût atteint) reprit une nouvelle force. Froulay sourit avec ce mouvement convulsif du liége flottant sur l'eau, lorsque le poisson a mordu à l'hameçon, et il demanda s'il n'avait pas eu raison de se méfier également de la fille et de la mère, ajoutant que désormais il ne s'en rapporterait qu'à lui pour les mesures à prendre, et que, pour débuter, il exigeait positivement qu'elle posât devant

Bouverot. Madame de Froulay se tut, quoiqu'elle pensât intérieurement que le châtiment dépassait l'offense.

La pauvre fille, pressée et étouffée entre ces deux statues de marbre, fit observer à sa mère qu'il lui serait impossible de soutenir aussi long-temps le regard d'un homme, et surtout de Bouverot, qui lui semblait toujours un dard qui lui pénétrait le cœur. Sur quoi le ministre, répondant pour la mère, s'approcha du secrétaire et écrivit au chevalier teutonique, en l'invitant à la première séance pour le lendemain. Ensuite il renvoya Liane avec un mot que nous ne répéterons pas, mais qui, même dans cette ame si tendre, fit jaillir un éclair de haine.

Le protocole des préliminaires de paix, entre les deux époux belligérans, était sur la table et n'attendait plus que quelqu'un qui dictât, lorsque la femme se leva et dit : « Vous allez apprendre à me connaître et à m'estimer. »

Elle fit mettre les chevaux et se rendit chez le prédicateur de la cour, Spener. Elle connaissait tout le respect qu'il inspirait à Liane, et sa toute-puissance sur son ame si facile à impressionner ; d'ailleurs, il lui imposait à elle-même. Dans ces premiers temps de controverse religieuse où le confesseur luthérien se rapprochait davantage du confesseur catholique, Spencer avait, d'une main ferme, saisi une houlette qui ne différait de la crosse de l'évêque que par la meilleure qualité de son bois.

Madame de Froulay fut obligée de lui raconter deux fois ce qui se passait dans le cœur de Liane ; le vieillard fronçait le sourcil et ne pouvait concevoir que cet amour eût pu naître sous ses yeux à son insu. « Votre excellence, répondit-il enfin, a grandement failli en ne me faisant part qu'aujourd'hui de cet important événement. Quelle heureuse issue j'aurais préparée, avec l'aide de Dieu!... Cependant il n'y a rien encore de perdu ; que votre excellence m'envoie sa fille cette nuit même, mais seule, sans vous, et je réponds du reste. »

Des objections, ou même de simples observations n'auraient servi qu'à allumer la colère du vieux prêtre, qui frémissait souvent sous la neige de ses cheveux, et la mère de Liane consentit à tout.

La jeune fille sentit renaître ses espérances en apprenant la visite nocturne qu'elle devait faire à son vieux maître. Elle ne prit avec elle que sa femme de chambre, qui lui était dévouée. Ce fut l'ame profondément émue qu'elle parut devant son confesseur; elle lui ouvrit son cœur comme à un Dieu; il décida comme s'il en avait été un.

Ici l'histoire se voile : le vieillard commanda à Liane de laisser sa femme de chambre et de le suivre. Il la conduisit à Blumenbühl, il l'introduisit dans l'église, alluma un cierge devant l'autel, afin que les ténèbres ne l'épouvantassent point, et acheva ce que les parens n'avaient pas même pu ébaucher.

Comment il l'a décidée à renoncer à Albano, est un secret sur lequel veille le serment qu'elle fit au vieillard de ne point le divulguer. Et l'infortuné jeune homme, qui perdait cet ange, était pendant ce temps à l'Observatoire, d'où il avait aperçu les scènes qui se passaient dans l'église, sans savoir qu'elles étaient réelles et qu'elles décidaient du reste de sa vie.

Elle traversa de nouveau, froide comme une

morte les prairies et les montagnes qu'elle venait de fouler le cœur battant d'espoir ; le vieillard se sépara d'elle avec plus de respect qu'il ne l'avait reçue. Ses parens étaient debout et l'attendaient. Enfin la voiture roula dans la cour ; et, de même que la victime innocemment exécutée, qu'on a détachée de la corde fatale avant qu'elle ait exhalé son dernier soupir, revit sous le scalpel du disséqueur, et, le prenant pour son Dieu, lui raconte l'injustice des hommes ; de même Liane parut pâle, sans pleurs, résignée devant ses juges farouches. Elle sentit malgré elle son amour filial réduit par la violence des persécutions, car elle n'embrassa pas sa mère avec cette ardeur d'autrefois et elle parla sans effroi, sans larmes, sans gestes, sans rougeur à ce père qu'elle croyait avoir aimé jadis. Elle lui dit : « Aujourd'hui j'ai renoncé devant Dieu à mon amour. Le père Spener m'a persuadée. »

— Avait-il donc *in petto* de meilleurs argumens que moi ? demanda ironiquement Froulay.

— Oui, répondit-elle ; mais j'ai juré au pied de l'autel de ne rien révéler avant que le temps fût venu. Je n'ai plus qu'une prière à vous adresser : je vous conjure, au nom de celui qui est juste, de me permettre de lui remettre moi-même ses lettres, et de lui dire que je cesse de lui appartenir, non par caprice, mais par devoir. Je vous en supplie, ne me refusez pas ; ensuite je ne vous désobéirai plus en rien.

Le misérable Froulay, tout bouffi de cette victoire facile, allait encore refuser cette innocente et dernière satisfaction à un cœur qui se sacrifiait ; mais sa mère, qui comprenait mieux que lui les élans d'une belle ame, intervint et consentit à l'entrevue. Le vieillard s'éloigna en grommelant, et, quand il fut parti, madame de Froulay attira sa fille sur son cœur ; mais Liane n'y pleurait plus aussi bien qu'autrefois. — Je te remercie, ma fille, lui dit-elle, maintenant je vais te rendre la vie plus joyeuse.

— Elle était assez joyeuse auparavant, répondit doucement la victime..... Mais ma mort est proche, c'est pourquoi il m'a fallu aimer !...

Le sourire sur les lèvres, et le désespoir dans le cœur, elle se jeta dans les bras du sommeil; mais il fut aussi agité que sa soirée. Elle rêva qu'elle tombait évanouie, qu'elle perdait sa mère, et qu'elle échappait à la mort... Dans ce songe elle était joyeuse de vivre encore. Elle se réveilla, de grosses larmes s'échappaient de ses yeux et lui prouvaient qu'elle existait toujours.

O vous, esprits célestes qui planez sur nos têtes!... lorsque l'homme, qui se débat dans les nuages épais de la vie, jette loin de lui le bonheur parce qu'il l'estime moins que son cœur, il est aussi grand, aussi saint que vous. Et nous sommes tous dignes d'une meilleure terre, car la vue du sacrifice nous élève au lieu de nous abattre, et nous versons des larmes brûlantes, non de pitié, mais d'amour et de joie!...

CYCLE LXXXI.

Brillant et chaud se leva le lendemain le soleil qui devait s'éclipser comme le bonheur de Liane. Celle-ci se réveilla au jour des funérailles de son amour, moins forte que la veille. Sa mère s'approcha d'elle, comme le médecin qu'on employait dans les tortures pour décider jusqu'où elles pourraient être poussées sans tuer le patient, et tâta le pouls de sa douleur. Liane la regarda long-temps l'œil humide, mais elle ne parla pas.—Que veux-tu? lui demanda sa mère.

—Que vous m'aimiez davantage maintenant, puisque je suis seule, répondit la jeune fille.

Puis elle fit un paquet de toutes les lettres d'Albano sans les lire, excepté celle où il demandait à Roquairol d'être son ami.

Madame de Froulay chercha à détruire les pressentimens de mort de Liane, et elle lui dit : Tu vois bien que ton ange est sujet à se tromper, puisqu'il approuvait un amour que tu désapprouves maintenant toi-même.

— Non, répondit-elle, le père Spener m'a dit que cet amour avait été juste, jusqu'au moment où il me découvrit le secret, et que la Bible ordonnait de renoncer à tout pour l'amour. Et la pauvre créature, semblable à l'oiseau de paradis, montait d'un vol direct vers le ciel jusqu'à ce qu'elle en retombât morte.

Elle témoignait devant sa mère une espèce de gaieté fiévreuse ; c'était un rayon de soleil du dernier jour de l'année. Elle lui dit combien elle était contente de pouvoir maintenant parler avec elle des beaux jours qu'elle avait eus. Elle peignit le cœur si noble, si ardent d'Albano, qui méritait si bien un sacrifice... et les heures délicieuses qu'elle avait passées près de lui. — Dans le fait, dit-elle avec une résignation qui touchait jusqu'aux larmes, les souvenirs durent plus long-temps que le présent, de même que j'ai souvent gardé des fleurs pendant plusieurs années, sans jamais pouvoir conserver des fruits.

C'est vrai, il y a de ces délicates ames de femmes qui s'enivrent de la fleur du plaisir, comme d'autres des grappes de la vigne.

Dans ces entrefaites arriva une lettre du lecteur, annonçant qu'Albano attendait Liane à Lilar.

Plus l'heure de l'entrevue approchait, et plus le cœur de la jeune fille se serrait. — Pourvu que je puisse le convaincre, dit elle, que je me suis comportée loyalement! Avant de quitter sa chambre, elle prépara pour son retour ce qu'il lui fallait pour dessiner... car elle pensait que le vilain songe qui l'avait tourmentée ne se réaliserait pas.

Tenant à la main sa corbeille à ouvrage, qui renfermait les lettres d'Albano, elle monta en voiture avec sa mère.

Le ciel était bleu, mais ni l'une ni l'autre ne remarquèrent qu'il s'obscurcissait quoiqu'on n'y vit point de nuages ; c'était l'approche de la lune qui faisait pâlir la clarté du soleil. Lorsque Liane eut passé le pont de Lilar, et qu'elle se trouva de nouveau dans ces délicieux bosquets dont chaque branche offrait un lambeau de sa robe de fiancée, elle s'écria vivement : — O ma mère, de grâce, n'allons pas au château des morts! Elle voulait parler de l'endroit où le vieux prince était mort, et où elle avait perdu la vue.

— Mais où donc aller? C'est là qu'il doit venir, dit la mère.

— Ah ! partout ailleurs... dans le temple du Songe plutôt... répondit Liane..... Mais, tenez, je l'aperçois ; il nous a déjà vues.

— Que le Dieu tout-puissant te protége, dit madame de Froulay en se séparant d'elle, mais ne lui parle pas long-temps. Et elle se dirigea vers le temple du Songe, afin de voir dans les glaces la scène qui se passerait entre les deux amans.

Albano s'avançait rapidement du côté de Liane ; il avait épuré ses yeux de larmes et son cœur de tempêtes. Il semblait un navigateur voguant au milieu d'une brume épaisse, qui cherche à percer une dangereuse obscurité pour éviter des brisans.

Il se trouva enfin les lèvres tremblantes devant cette femme chérie qui, pâle et frissonnante, levait sur lui des yeux qu'elle se hâtait bientôt de baisser. Tout le courroux d'Albano s'évanouit, et tout son amour rentra dans son cœur.

— Liane, lui dit-il avec tendresse, es-tu encore ma Liane? Je n'ai pas changé, et toi, tu ne peux pas avoir changé non plus, n'est-ce pas?

Mais elle n'eut pas le courage de dire non. Il était là, près d'elle, comme aux beaux jours, il tenait sa main dans la sienne, et pourtant ils ne devaient plus être rien l'un pour l'autre.

— Soyons forts, reprit-il, dans cette solennelle entrevue.... Dis-moi en peu de mots pourquoi tu as gardé le silence envers moi... Je n'aurai rien à répondre, et tout sera oublié. Il avait involontairement saisi sa main pour la lever vers lui, mais cette main s'abaissa en tremblant.

— Qui tremble de nous deux? demanda-t-il.

— Moi, Albano!.. mais sans être coupable : O mon Dieu, je suis constante jusqu'à la mort.

Il la regarda d'un air irrésolu.

— Oui, continua-t-elle, je vous suis constante; mais tout est fini pour nous... Non, non, ajouta-t-elle en remarquant qu'il voulait la conduire hors de la vue du temple, ma mère a désiré nous voir de loin : elle est là.

La rougeur monta au visage de Césara, en apprenant la surveillance dont il était l'objet; et son cœur se révolta de ce vous auquel depuis long-temps il n'était plus accoutumé... Son œil perçant cherchait à lire dans le sien le mot de cette horrible énigme... La nécessité donna de la force à Liane, et elle commença ainsi :

— Voici vos lettres... (Et sa main pouvait à peine ouvrir la corbeille qui les contenait... Il les prit avec douceur.) J'ai renoncé à vous : ce n'est pas la faute de mes parens, quoiqu'ils se soient montrés contraires à notre amour... un secret seul qui touche votre bonheur m'a forcée à me séparer de vous et de toute joie terrestre.

— Vous voulez sans doute aussi que je vous rende vos lettres?

— Mes parens...

— Il suffit : et ce secret qui me touche?

— Je ne puis vous le dire : un serment par lequel je me suis liée cette nuit devant un prêtre, dans l'église de Blumenbühl, me ferme la bouche.

— O mon Dieu, s'écria-t-il avec désespoir, est-ce donc là la vie, le bonheur, la constance? Comme vous avez menti vous autres! ajouta-t-il en montrant ses lettres, et de qui parliez-vous?..

Il les jeta loin de lui ; Liane voulut les ramasser, mais il les tint écrasées sous ses pieds;.. puis, la regardant d'un air farouche, la lave de sa colère coula à pleins bords. Il lui fit le tableau de son amour à lui, de sa faiblesse à elle, de sa froideur et de sa dureté;.. puis il lui reprocha de le torturer au prix d'un mystérieux bonheur dont il ne voulait pas. Son silence l'irritait encore davantage : il ne s'apercevait pas qu'elle était suffoquée par ses sanglots.

— Ne te tourmente pas ainsi, lui dit-elle en balbutiant, il n'y a pas de remède.

Oh! s'écria-t-il ironiquement, je ne veux pas essayer de changer ce qui a été changé, car le prêtre et le Lecteur le rechangeraient encore... Et son émotion profonde paralysa son cœur pour un moment; le fleuve de son amour ne coulait plus : il ressemblait à la nappe d'eau d'une cascade que l'hiver a gelée et qui pend immobile au sommet d'un rocher.

— Je ne pensais pas que tu aurais été aussi dur pour moi, dit la pauvre fille à voix basse;... et elle souriait amèrement.

— Je serai plus dur encore, répondit Albano, je parlerai comme tu agis...

— Oh! tais-toi, tais-toi, tout s'obscurcit autour de moi... ramène-moi près de ma mère. Dans ce moment deux vieilles araignées noires se posèrent sur les deux yeux de Liane, et y tissèrent rapidement leur toile;... à peine si un faible crépuscule était encore visible pour elle.

— C'est l'éclipse, s'écria-t-il, attribuant cette seconde cécité au corps grossier de la lune qui se jetait sur le soleil comme un couvercle de tombe... C'est un à-propos pour aujourd'hui :

une nuit sans crépuscule... Lilar, en effet, a droit d'être en deuil... Ténèbres, épaississez-vous davantage,... il y a encore trop de jour pour moi!

— Albano, épargne-moi... je suis innocente et je suis aveugle... Où est le temple? où est ma mère?.. Les araignées venaient de finir leur toile.

— Non, te dis-je, c'est l'éclipse encore une fois; tout à l'heure tu verras clair... En disant cela ses yeux errèrent sur la pâle figure de Liane et il y lut l'affreuse vérité. Mais il ne pouvait ni pleurer, ni la consoler : le désespoir avait saisi son cœur, comme un tigre affamé, et le déchirait à belles dents.

— Je suis aveugle, répétait la jeune fille, et pourtant je suis innocente!..

Dans ce moment un mendiant sourd et muet s'approcha d'eux en agitant sa clochette, et Liane s'écrie : — Ma mère, ma mère!.. mon songe est accompli, j'entends sonner ma mort!

Madame de Froulay s'élança vers elle.

— Votre fille, lui dit Albano, est redevenue

aveugle : Dieu punisse le père et la mère et tous ceux qui en sont cause!

— Qu'y a-t-il? demanda vivement Spener, qui était dans le pavillon avec la femme du ministre.

— Une malheureuse qui est aussi votre ouvrage, lui répondit Césara... Adieu, pauvre infortunée! ajouta-t-il, et il s'enfuit...

Il s'enferma dans sa petite maison du Tonnerre, et, couvrant ses yeux avec ses mains, il resta quelque temps plongé dans de cruelles pensées... Il leva la tête en entendant le bruit de la voiture qui emportait l'aveugle... Le soleil avait quitté son masque, et la nature apparaissait plus brillante que jamais : il se hâta de recouvrir ses yeux.

DIX-NEUVIÈME PÉRIODE DU JUBILÉ.

SOMMAIRE.

Trois cycles fort courts. — Arcadie. — Bouverot peintre.

CYCLE LXXXII.

Lorsqu'Albano eut renvoyé les lettres de Liane, et quitté Lilar, la maison du docteur, le lecteur, les parens de Liane et le père Spener, il se trouva bien seul, bien triste, bien malheureux. Il eut recours aux livres et aux étoiles; mais ces consolateurs, dont la voix est quelquefois écoutée par l'homme mûr, et jamais par la jeunesse, ne purent rien pour Césara. Il gémissait amèrement, non pas sur son malheur, mais sur celui qu'il avait causé, sur la cécité de Liane. La pauvre fille ne guérissait pas cette fois, malgré les vapeurs des cascades et les remèdes qui, à une autre époque, lui avaient rendu la vue.

Oh! les blessures de la conscience ne se cicatrisent jamais; le temps ne les rafraîchit point avec ses ailes, mais il les rouvre avec sa faulx. Albano se rappela les supplications de Liane pour qu'il l'épargnât, et ce ne fut point une consolation pour lui de penser que c'était son cœur seul et non ses yeux qu'il avait voulu torturer. Dans le miroir ardent et grossissant des résultats, le sort change en autant de furies et de serpens les minimicules vermiformes qui se jouent dans notre corps. Combien de noirs péchés s'introduisent dans nos pensées, comme autant de voleurs de nuit, sans que nous les apercevions; ils revêtent une couleur d'innocence, et, semblables à ces furies des songes, s'ils ne tuent point, c'est qu'ils ne sortent point de notre poitrine, et qu'ils s'y usent faute d'action. Une belle ame refuse un bien qu'elle serait obligée de payer de tout le malheur d'un autre être; différente en cela des farouches conquérans, qui feraient un champ de bataille des Champs-Elysées, afin que le rosier qu'ils y planteraient produisît des roses plus rouges.

Albano se hâta de sortir de la maison du docteur Sphex, où il n'entendait parler que du danger des rechutes par rapport aux maladies des yeux, et il choisit pour résidence la ville basse. Schoppe seul l'accompagna : lui du moins comprenait l'état du cœur de son ami et le malheur resserra des nœuds que le bonheur avait relâchés.

Roquairol le visitait rarement, et ses manières étaient glacées. Jamais il ne parlait de sa sœur quoiqu'il ne la quittât pas. Comme c'était lui qui avait jeté la première fois un voile sur la vue de Liane, Albano pensa qu'il ne pouvait pardonner à celui qui en avait étendu un autre une seconde fois, et il ne lui en voulut point. Par contre, Charles était fort assidu chez Bouverot, qui lui faisait le meilleur accueil.

Il n'y avait pas jusqu'à Rabette qui écrivait au comte de longues lettres remplies de plaintes et de lamentations, relativement au capitaine. Si je pouvais seulement te voir, disait-elle dans un passage, j'aurais du moins quelqu'un qui me laisserait pleurer, car depuis longtemps je ne ris plus ; c'était encore un remords pour Albano, qui voyait dans la négligence de Roquairol envers sa sœur adoptive, une conséquence de sa conduite vis-à-vis de Liane.

La princesse Isabelle cherchait bien quelquefois à arracher Césara au chagrin qui le rongeait, et dont les traces étaient visibles sur son visage ; mais ses efforts se trouvaient souvent inutiles. Elle seule pourtant lui donnait des nouvelles de Liane ; car, bien qu'elle n'eût pas l'air d'avoir remarqué les sentimens qui l'unissaient au fils de don Gaspard, elle les avait cependant devinés ; on en verra une preuve dans la question suivante qu'elle adressa à Albano : — Votre père vous a-t-il écrit relativement à mes projets sur Liane ?

Il lui répondit que non, et la pria de les lui faire connaître ; mais elle s'y refusa en l'assurant que, bientôt, il recevrait à ce sujet une lettre de don Gaspard.

Pour chasser les idées noires qui obsédaient Albano, Schoppe lui proposa de voyager dans les environs; par ce moyen, disait-il, on s'épargne de perpétuelles enquêtes sur la santé des gens, et, en retour, on est tout joyeux d'apprendre leur guérison.

Césara obéit à son dernier ami; et ils se mirent en route pour la principauté de Haarhaar.

CYCLE LXXXIII.

Il eût été difficile d'entendre un sermon plus grotesque que celui que fit en route le bon Schoppe au pauvre Albano. Il avait pris pour texte : Comme quoi il est stupide de se désoler. Il commença son sujet de la sorte :

— Quel mal y a-t-il lorsque le malheur ronge vigoureusement un jeune homme? A la seconde fois il domptera la douleur qui le maîtrise maintenant. Qui n'a jamais rien porté ne sait rien supporter. Quant aux larmes, quoique de la secte des stoïques, je n'en suis pas précisément ennemi : d'ailleurs, Epictète, Antonin, Caton et autres gaillards de cette trempe, qui, s'ils étaient froids comme de la glace étaient aussi durs comme du fer, sont d'avis qu'on doit employer les larmes en guise d'huile, pour graisser les rouages de la machine souffrante, pourvu que l'esprit reste sec. C'est une véritable désolation que de vouloir consoler les autres, ou que les autres nous consolent : il faut savoir boire le calice de la douleur sans enduire de miel le bord de la coupe.

.   .

Puis, comme ce sujet lui tenait au cœur, si son discours se trouvait interrompu par une station obligée dans une auberge, le bibliothécaire ne manquait pas de tirer de tout ce qu'il rencontrait des argumens pour sa thèse. Dans la gazette de Hambourg il lisait à haute voix, à son compagnon, des récits de batailles palpitans de la plus affreuse douleur, bien qu'il fût aisé de voir que le rédacteur était enchanté de ce qui le désolait. Puis, sautant de là aux annonces, il y lisait comme quoi un coup terrible et inattendu venait d'enlever un enfant de cinq semaines, qui donnait les plus belles espérances; ou bien l'horrible surprise causée à une famille par la perte imprévue d'un père âgé de quatre-vingt-un ans !

— C'est fort bien, continuait Schoppe ; pourquoi toutes les afflictions quelles qu'elles soient n'auraient-elles pas le droit de briser une poitrine ? Moi-même, je le déclare, si j'étais étendu, tout criblé de blessures, sur un champ de bataille, je me mettrais sur mon séant, si faire se pouvait, et je ferais devant tous les assistans l'oraison funèbre des coups de feu ou de sabre que j'aurais reçus.

Pourquoi pas ? une grenouille, mise en rapport avec le fluide électrique, tressaille bien à chaque coup de tonnerre.

Qu'est-ce enfin que ce monde ? demandait-il. Une vieille machine dont pas un rouage n'a moins de six mille ans ; une boule divisée en cimetière, où tout s'use, où tout s'enfuit : les peuples, les étoiles fixes, la vertu des femmes, les plus beaux paradis, les cœurs des justes, les critiques de journaux... et jusqu'à mon pauvre discours !...

Après avoir chevauché quelque temps, Schoppe parlant beaucoup, et trouvant d'excellentes raisons pour qu'Albano ne se désolât pas, et celui-ci se désolant toujours en dépit de tous les raisonnemens du monde, les deux amis arrivèrent sur le sommet d'une colline, d'où ils aperçurent le plus joli village qu'on se puisse imaginer. Ils restèrent quelque temps en contemplation devant cette miniature de ville où se trouvaient réunis la solidité allemande, le comfort anglais et la grace italienne. Enfin Schoppe alla au-devant d'un messager qui se dirigeait de leur côté; le dialogue suivant s'établit entre eux:

— Mon ami, comment nomme-t-on ce village?

— Arcadie.

— Laissons là, s'il vous plaît, le langage poétique, et parlons bourgeoisement: quel est le nom de ce village?

— Arcadie, vous dis-je, êtes-vous sourd? c'est un bien domanial où la princesse Idoine a établi sa résidence, et où elle taille et rogne à son gré.

— Êtes-vous un habitant d'Arcadie?

— Non, je suis de Saubügel, cria le messager, qui était déjà en avant de cinq pas.

Le bibliothécaire, qui vit une grande émotion sur les traits d'Albano, lui demanda s'il aurait été possible de trouver un meilleur logement pour la nuit... mais quelle fut sa surprise lorsque son compagnon, dont le nom d'Idoine avait réveillé toutes les douleurs, manifesta le désir de retourner à Pestitz.

— Ne sais-tu pas qu'elle ressemble à Liane? demanda Albano. Que dis-je? elle ne lui ressemble pas; car Liane est aveugle et Idoine ne l'est point... Pardonne-moi, je t'en supplie, mon ami; mais il faut que je retourne à Pestitz, je sens là qu'elle se meurt ou qu'un grand malheur la menace. Tournons bride.

Rien ne put changer sa résolution, et le lendemain soir ils étaient de retour.

A peine Albano fut-il en vue du palais, qu'il s'enfuit précipitamment sans que Schoppe pût deviner ou s'informer pourquoi. Le pauvre jeune homme avait aperçu sur la terrasse italienne du palais l'aveugle Liane qui se promenait seule et qui s'approchait insensiblement du bord du toit. Egaré, il courut dans les rues, tantôt voyant le palais, tantôt ne le voyant plus, et s'attendant à trouver Liane expirante sur le pavé... enfin il arrive... elle était encore sur la terrasse et son bras entourait une statue... le vieux jardinier de *Cereus Serpens* était à côté d'elle le chapeau sur la tête... Qu'y a-t-il donc? demandaient plusieurs femmes arrêtées sous les fenêtres du palais... Liane avait les yeux levés vers le ciel où brillaient encore quelques étoiles, puis elle les reportait sur la foule; mais tout à coup elle se retira derrière les statues; une jeune fille étrangère était debout auprès d'elle. — Le jardinier sortit du palais, et répondit à sa femme qui l'interrogeait : Elle voit!..

— Que dites-vous, brave homme? demanda vivement Albano.

— Je dis qu'elle voit, répéta-t-il, vous n'avez qu'à monter et vous vous en convaincrez.

Dans ce moment Bouverot s'approchait pédestrement; Albano le salua et lui fit quelques complimens sans trop savoir ce qu'il disait. Le chevalier teutonique lui jeta un regard de côté, et murmura en s'en allant un : Je n'ai pas l'honneur de vous connaître.

CYCLE LXXXIV.

Voyons de plus près notre pauvre aveugle.

Du jour où elle fut ramenée de Lilar par sa mère, commença pour elle une vie toute nouvelle, toute froide. La terre s'était changée pour elle, et elle se trouvait déliée de ses devoirs envers elle. Hélas! elle avait vu son amant, ainsi que sa mère le lui avait prophétisé, non plus tendre et pieux comme elle l'avait rêvé, mais volontaire, égoïste, brutal comme son père... que lui restait-il donc à regretter sur la terre?

Sa mère ne la quittait pas: tout son amour

semblait être revenu avec la cécité de sa fille. D'un autre côté, depuis qu'elle avait renoncé à son amour, Julienne s'était dépouillée de la froideur et de la réserve qu'elle lui avait montrées depuis quelque temps, et ces deux cœurs s'étaient rapprochés comme les pétales d'une même fleur. Puis le soir, avant de s'endormir, l'image de Caroline lui apparaissait plus radieuse que jamais, seulement elle ne lui parlait plus.

Souvent cependant elle éprouvait une vive douleur en songeant qu'elle ne pouvait plus voir les êtres qui lui étaient chers, sa mère surtout qu'elle aimait d'autant plus maintenant, que tout autre amour lui était interdit. Il lui semblait alors qu'elle-même était invisible, et qu'elle marchait à tâtons dans les ténèbres le long de l'âpre sentier qui conduit à l'autre vie... Elle y arrivait en idée, et elle entendait de loin les voix de ses amies qui l'appelaient. Ces pensées de mort étaient devenues sa seule consolation, car que lui importait la vie à présent!...

Quelquefois aussi le père Spener apportait à son élève les consolations de la religion; sa voix était pour elle la cloche de la prière du soir qui guide vers le village le voyageur perdu dans la forêt. Son cœur s'épurait de jour en jour davantage, et elle s'étonnait d'avoir tant souffert. Quelle différence entre les souffrances du pécheur et celles du juste! Les unes ressemblent à une éclipse de lune qui rend la nuit plus sauvage et plus noire; les autres à une éclipse de soleil qui rafraîchit l'air et ombrage romantiquement la terre, tandis que les rossignols se préparent à chanter.

CYCLE LXXXV.

Les deux yeux du ministre devinrent un vaste foyer d'incendie lorsqu'il apprit le nouveau malheur dont Liane avait été frappée. Jamais le sort ne s'était plus cruellement joué de ses projets et de ses prévisions : Bouverot voudrait-il épouser une aveugle, et une aveugle pourrait-elle remplir la place de dame de compagnie auprès de la princesse ?

Ce vieillard se débattait contre la cuillerée de potion amère que lui présentait la destinée ; et, faute de mieux, il se prit à sermoner ses femmes : ce n'était plus un homme ; la colère, la rage et le désappointement en avaient fait une bête féroce, un satan incarné. Il se trouvait dans une de ces positions où l'on est disposé à tout entreprendre, à tout risquer; mais à quoi cela lui servirait-il?

A beaucoup, car ce fut justement dans cet état moral que Bouveret, le grand oseur, le trouva. Ce dernier ne se fit pas le moindre scrupule de réclamer l'exécution de la promesse ministérielle et paternelle au sujet du portrait de Liane; il savait tout, et feignait de tout ignorer. Il s'était ménagé quelques petits épisodes pour la séance où elle poserait, lesquels il avait préparés d'après divers renseignemens subtilisés à Roquairol. Le vieux Froulay, dont la vie était un perpétuel journal d'annonces où l'on demande un associé qui ait 60, 80 ou 100,000 écus de disponibles, ne se sentait rien moins que disposé à refuser quelque chose au riche partner qui s'offrait à lui. Ces deux faucons perchés sur le même juchoir, dressés par le même fauconnier, c'est-à-dire par Satan, s'entendaient et frayaient fort bien ensemble. Le chevalier du noble ordre teutonique fit pressentir à son complice tout le parti qu'on pourrait tirer auprès de la princesse Isabelle, d'une miniature qui offrirait une ressemblance frappante avec Idoine, et il ajouta que ce portrait était d'ailleurs une pâture nécessaire à sa flamme, d'autant plus facile à achever maintenant que, par suite de la cécité de Liane, on pourrait la peindre à son insu ; il en serait quitte, ajouta-t-il, pour placer comme inscription ces mots au bas de la miniature : *La belle aveugle*, ou quelque chose d'approchant. Le ministre goûta parfaitement l'idée. De même que les chanteuses italiennes se munissent pour la route d'une mère, en guise de passeport, de même Froulay était tout disposé à jouer, au masculin, le même rôle de mère à l'égard de Liane. Il pensait que cette jeune fille était pour lui un capital dormant, duquel il ne pourrait tirer tout au plus que quelques intérêts précaires, et qu'il valait mieux, à tout événement, empocher le cadeau de parrain que Bouverot ferait à l'enfant en lui donnant son nom.

Ce duumvirat de coquins ne rencontra sur le chemin de l'infamie qu'un petit obstacle, à savoir, une vieille, acariâtre et entêtée femme de chambre de Nuremberg, qui ne quittait pas plus Liane sa maîtresse chérie, que son ombre : pas moyen de la gagner, ni de la faire reculer d'une semelle. Bouverot, lui, qui goûtait assez les moyens décisifs de Robespierre, n'aurait pas manqué, à la place de Froulay, de faire casser une côte ou deux à cette duègne intraitable, sauf après à la jeter à l'hôpital ou à la rue ; mais le ministre avait le cœur tendre et il se refusa à mettre à exécution ce projet inouï ; voici celui qu'il conçut et qu'il mit à fin : il fit venir dans son cabinet la vieille Nurembergeoise, et lui reprocha de lui avoir volé son oreille de Magdebourg ; il demeura sourd à toutes les protestations d'innocence de la camériste, mais non aux paroles tant soit peu vives qu'elle se permit pour sa défense, en punition desquelles il lui donna son congé, accompagné de l'ordre de vider incontinent les lieux. Ceci fait, le sensible vieillard se mit en quête d'une autre femme de chambre qui n'eût pas le défaut d'être incorruptible ; il devait en trouver, et il en trouva.

Ce premier point réglé, il eut soin, pour laisser le champ libre à Bouverot, de se faire inviter lui et sa femme à un souper chez la princesse ; il prévint son associé, fit la leçon à la nouvelle suivante, jeune fille très-docile du reste, et tout se trouva disposé convenablement.

Selon la Légende, ce furent deux tigres qui creusèrent la tombe de l'apôtre saint Paul; il n'est donc pas surprenant que les deux amis se soient réunis pour creuser celui d'une sainte, et je ne pense pas que cette métaphore ait quelque chose de forcé, car il me semble qu'on n'aurait pas pris tant de précautions s'il ne se fût agi que de peindre une miniature. Toutefois je pourrais presque excuser le père: 1° parce qu'il avait dit à Bouverot que la soubrette resterait pendant la séance, ou tout au moins dans la chambre voisine ; 2° parce que cet homme, dont les mœurs étaient naturellement douces, avait, par suite de ses fréquens rapports avec la justice, revêtu une certaine aspérité de caractère et emprunté d'elle une petite pointe de cette cruauté inhérente à Thémis qui, derrière son bandeau, ne peut voir les souffrances des malheureux qu'elle condamne, et qui, d'ailleurs, si l'on en croit l'opinion de Diderot, est d'autant plus barbare, qu'elle est aveugle [1]; 3° parce que personne au monde n'était plus disposé que lui, dans le cas où son enfant, qu'il crucifiait

---

[1] Diderot, dans ses lettres sur les aveugles, prétend que leur infirmité les rend plus cruels que tous les autres hommes.

comme on dit qu'autrefois les Juifs et les magiciens crucifiaient les enfans des chrétiens, pour tirer parti de leur sang, mourait avant lui, de se revêtir de sombres habits de deuil. Ce qui se conçoit d'autant mieux, que les hommes, en général, supportent assez volontiers les souffrances de ceux qui leur sont chers, et assez difficilement leur perte ; il en est de même des cheveux, qu'on frise et qu'on coupe sans que nous éprouvions de douleur, mais qu'on ne peut arracher sans nous faire mal. 4° Parce que les desseins que formait d'ordinaire le ministre étaient toujours purs et innocens dans sa tête; mais malheureusement, semblables à la bonne encre, noircissaient en voyant le jour.

Le soir vint ; madame de Froulay s'en alla à la cour, au bras de son noble époux. La nouvelle femme de chambre de Liane, docile aux leçons qu'on lui avait données, et dépassant même ses instructions par excès de zèle, s'était adroitement procuré les lettres de Liane à Albano, que celui-ci avait renvoyées, afin d'en faire hommage à Bouverot. Lui, homme adroit, y avait puisé assez de renseignemens pour pouvoir, en cas de besoin, jouer devant la jeune fille le rôle de Césara, dont il s'était déjà étudié à contrefaire la voix, ainsi que celle de Roquairol, pendant qu'il était en train. Tout cela me semble fort bien imaginé.

Le peintre arriva de bonne heure, bien entendu sans se faire annoncer; lorsqu'il vit sur sa chaise longue cette forme gracieuse, belle de sa douleur et du voile que la nature avait jeté sur ses yeux, il lui monta au cerveau quelques émanations balsamiques nées des lettres qu'il avait lues, et ces émanations tantôt l'aigrissaient et tantôt l'exaltaient... Il n'y a que dans ces poitrines caverneuses que recouvrent des cordes métalliques et des cordes de boyau, et où s'agitent la luxure et la haine que l'on peut trouver réunis le fiel et le cœur.

Il se glissa doucement dans une embrasure de croisée, et prépara ses couleurs. Pendant ce temps-là, la savante femme de chambre lisait à Liane des passages tirés du deuxième volume des œuvres spirituelles de Fénelon. L'archevêque de Cambrai n'émouvait pas Céfisio; tout ce qu'il écrivait *sur le pur amour de Dieu*, lui, en faisait des applications à l'amour impur, et ce qu'il y avait de divin dans le livre devenait diabolique dans sa perverse imagination. Il s'occupa à transmettre sur l'ivoire les traits qui l'enivraient, en attendant mieux, et ses yeux de bête fauve léchaient, comme autant de langues de tigre, les contours ravissans du visage de Liane.

— Bonne Justa, s'écria tout à coup l'aveugle, cesse de lire, je m'aperçois que tu respires avec peine... C'était le râle amoureux de Bouverot qu'elle entendait.

Quel déciciеux repas faisait en effet dans ce moment l'imagination du satyre!... Il s'établissait une espèce de contact physique entre le peintre et le modèle. Ce nez, cette bouche, ces joues dont s'emparait son pinceau, il lui semblait les sentir sous l'épiderme de ses doigts; d'autant plus hardi qu'il n'était point vu, il s'enivrait à son aise de toutes les beautés qu'il profanait, et, souillant la jeune fille de ses regards lascifs, arrachait un lambeau de sa robe virginale.

Enfin le vol s'accomplit et l'ivoire le recela.

— Justa, dit Liane, j'entends la cloche qui appelle à la prière du soir, tu ne dois plus y voir. Conduis-moi devant l'harmonica. Justa le fit. Bouverot fit signe à Justa de sortir. Justa le fit... La jaune chenille commença à ramper vers la tendre fleur. Mais la chenille était musicienne, et elle s'arrêta pour écouter les divins accords qui s'échappaient des doigts de l'aveugle, bien résolue à ne pas oublier d'ajouter à l'ivoire l'expression de ces yeux qui se levaient vers le ciel.

— .... Bel ange!... s'écria tout à coup Géfisio, en imitant la voix d'Albano, de ce jeune enthousiaste qui, une fois déjà, avait interrompu Liane dans un semblable moment. Elle écouta effrayée, ne s'en fiant pas à son oreille dans la nuit qui l'enveloppait.

— .... Souviens toi de ce même harmonica de la maison du Tonnerre... continua l'imposteur, en confondant la maison du Tonnerre avec la maison des eaux.

— Vous ici, comte?... Justa, où es-tu!... dit la jeune fille.

— Justa, revenez! dit à son tour Bouverot. Docile à la voix et au regard de ce dernier, la suivante reparut, et s'informa de ce que lui voulait sa maîtresse. Mais Liane n'avait pas le courage de lui demander la lettre d'audience d'Albano. D'un autre côté, elle ne pouvait pas parler français à son amant, car Justa savait aussi cette langue. Voilà pourquoi, à l'époque de la révolution française, on défendit à Vienne d'enseigner le français, et cela par précaution, attendu que cette langue porte avec elle des fermens d'égalité, que la liberté suit de près, et qui sont d'un effet trop contagieux entre la noblesse et la valetaille.

Bouverot s'applaudit de cette espèce de crainte qu'Albano paraissait inspirer à Liane, et résolut d'en profiter. La pauvre fille cherchait, en attendant, dans sa tête, un prétexte pour éloigner Justa. Elle finit par l'envoyer demander des lumières.

— *Infidèle*, continua-t-il, quand elle fut partie, j'ai surmonté tous les obstacles qui me séparaient de vous, afin de me jeter à vos pieds et d'obtenir mon pardon... Puis, s'animant davantage, et parlant français, il s'écria: *Je m'en flatte à tort, peut-être, mais je l'ose. O cruelle, pourquoi ces regards, ces mouvemens?... Je suis ton Albano, et il t'aime encore... Pense à Blumenbühl, ce séjour charmant... Ingrate, j'espérais te trouver un peu plus reconnaissante... Souviens-toi de ce que tu m'as promis quand tu me pressas contre ton sein divin...* (C'était un prétexte pour savoir si elle avait promis quelque chose.)

Une ame pure réfléchit sans se salir une ame impure, et cette action catoptrique lui donne un pressentiment du danger ; c'est pourquoi l'on prétend que les pigeons se baignent dans de l'eau limpide, afin d'y apercevoir l'oiseau de proie qui pourrait s'approcher d'eux. L'haleine courte, le parler tremblant de Bouverot, un je ne sais quoi indéfinissable inspiraient à l'aveugle le soupçon que ce n'était pas Albano qu'elle avait devant elle. — Qui êtes-vous ? s'écria-t-elle, vous n'êtes pas le comte. Justa ! Justa !...

— Qui oserait, répondit froidement l'infâme, prendre ici mon nom ? *Oh ! je voudrais que je ne le fusse pas. Vous m'avez écrit que l'espérance est la lune de la vie... Ah ! ma lune s'est couchée, mais j'adore encore le soleil qui m'éclaire.*

Dans ce moment, il s'empara de sa main. Mais en touchant ces doigts secs dont les ongles étaient rongés, elle fit un mouvement qui porta sa main sur la croix de chevalier de Bouverot, et elle le reconnut. Elle s'arracha en criant de ses bras, et se sauva dans un coin de la chambre, sans savoir où; mais la main s'empara de nouveau d'elle, et elle se trouva un moment pressée sur les lèvres brûlantes et minces du ravisseur.—Oui, c'est moi, lui dit-il, et je vous aime mieux que votre comte avec son *étourderie*.

—Vous êtes un lâche, un impie, sans cela vous n'agiriez pas ainsi envers une pauvre aveugle... Justa! à moi!... Ne viendra-t-il donc personne?... O mon Dieu, rends-moi la vue!... Et elle cherchait toujours à se soustraire aux embrassemens de Bouverot, qui, chaque fois qu'elle parvenait à s'échapper, la ressaisissait bien vite.

..... Infernal démon! s'écriait la pauvre Liane... et lui, froid comme la poudre avant l'explosion, mais dangereux comme elle après, pantelait d'émotion lubrique... C'était le tigre maître de sa proie, qui la contemple avant de la dévorer.

—Pourquoi vous débattre ainsi, ma belle enfant, lui disait-il, cela ne vous servira à rien.

Et la peur faisait chanceler la raison de l'infortunée... Elle se mit à chanter, mais ce n'étaient que des commencemens de morceaux tels que : Plaisir, belle étincelle divine... Je suis une fille allemande... Connais-tu ce pays?... O toi, mauvais esprit *!...

L'horrible serpent, s'inquiétant peu de cet épouvantable délire, enlaçait sa victime de ses anneaux glacés... — «*Mon cœur*, dit le serpent qui parle toujours français quand la passion l'agite, *vole sur cette bouche qui enchante tous les sens.*

— Ma mère! Caroline!... criait la jeune fille... Mon Dieu, rends-moi la vue!..

Le Tout-Puissant l'exauça... le désespoir et les préparatifs affreux qui se faisaient pour jeter son honneur au sépulcre, arrachèrent le voile qui couvrait ses yeux... elle vit.

Avec quelle vitesse elle s'échappa de l'horrible chambre! L'oiseau de proie comptait toujours sur sa cécité; mais lorsqu'il la vit

---

* Freude, schoner gotter funken...
Ich bin ein deutsches Mädchen...
Kennst du das Land?...
Du, boser geist!...

monter sans hésiter l'escalier qui conduisait sur la terrasse italienne, il se borna à envoyer la femme de chambre après elle pour qu'elle ne se blessât point, persuadé dans le fond qu'elle avait feint seulement d'être aveugle. Il s'empara du portrait et se glissa hors de la maison, d'aussi mauvaise humeur qu'un loup qui a laissé échapper une brebis.

VINGTIÈME PÉRIODE DU JUBILÉ.

SOMMAIRE.

Lettre de don Gaspard. — Séparation.

CYCLE LXXXVI.

Elle voit!.. cria Charles le lendemain dans les oreilles d'Albano, sans s'inquiéter le moins du monde de sa conduite passée avec son ami ; il était redevenu le même homme qu'autrefois. Césara lui demanda en rougissant à quel médecin on devait cette cure.

— A un accès de frayeur, répondit Roquairol ; Bouverot feignit de vouloir la peindre, ou la peignit en effet, en l'absence de mes parens, je ne connais pas bien les détails... Tout à coup elle entend une voix d'homme qui agit sur elle comme un choc électrique... et elle recouvre la vue.

C'était là le récit que Liane avait exigé de sa mère qu'on fît à son frère, afin d'éviter que, pour lui prouver son amitié, il ne se battît avec Bouverot.

Cette histoire sembla bien obscure à Albano, et il eut plus d'une question sur les lèvres ; mais il ne les en laissa pas sortir. Pour changer la conversation, il raconta son voyage.

Au bout de quelques jours il apprit que Liane et sa mère étaient allées passer quelque temps dans un château sur une montagne près de Blumenbühl. La dernière aventure fut tenue soigneusement cachée : Augusti seul en sut tous les détails ; il alla chez Bouverot pour lui redemander le portrait de Liane ; mais celui-ci ne le rendit point et enfanta chaque jour de nouveaux prétextes pour s'excuser de le faire. Il fallut que la mère et la fille usassent de toute leur influence sur le Lecteur, pour qu'il ne forçât pas le chevalier à accepter un duel.

Dans quel isolement est plongé maintenant Césara! Pas un cœur qui batte à l'unisson du sien. Ses heures ne tombent plus harmonieuses du beffroi fantastique de l'amour et de la poésie ; elles lui sont sonnées tous les jours par la lourde horloge du temps. Il se rapprocha davantage des hommes et de l'amitié, cherchant parmi les restes de son bûcher quelques morceaux de bois restés verts. Mais il se tenait éloigné des femmes, câr elles produisaient sur lui le même effet que la vue d'un enfant sur une mère qui a le dernier soupir du sien; elles lui rappelaient ce qu'il avait perdu. Quelle différence de lui à ces amans mobiles, qui font une nouvelle peau à chaque nouvel amour qui perdent toujours et qui retrouvent toujours, dont la dernière maîtresse est plus que sa devancière, et qui, changeant sans cesse de chaînes, se font libres à force d'être esclaves !

Albano s'imagina que son chant dithyrambique avait endormi son ame souffrante, et il le continuait pour la bercer doucement. En attendant, les roses de ses joues avaient disparu, son front était pâle, et son visage tombait comme une touche sous laquelle une corde s'est brisée. On souffrait de le voir errer comme une ombre parmi ses amis, souriant toujours, mais d'un sourire si mélancolique qu'on aurait mieux aimé le voir pleurer. Le trait s'était cassé dans la blessure, et le débris empoisonné y restait. Hélas! dans les jours de son enfance, il apercevait au ciel de beaux nuages roses; il gravissait la montagne pour les saisir; pauvre fou, ils étaient toujours aussi loin de lui : maintenant l'avenir de son aurore, qu'il avait cru toucher du doigt, est aussi éloigné que les nuages roses d'autrefois. L'homme ne parviendra que péniblement au sommet des Alpes de l'amour idéal; mais, ainsi que des autres Alpes, il est encore plus difficile et plus dangereux d'en descendre.

Le pauvre Albano commençait à se trouver bien isolé, bien ennuyé. Mais un jour Chariton vint à la ville et lui apporta une lettre de son mari qui, comme tous les artistes, avait plutôt fait un chef-d'œuvre qu'une lettre. Dian s'y félicitait de ce que bientôt il pourrait voir son ami.

— Il revient donc? demanda le comte.

— Hélas! non, répondit elle, il ne sera de retour que dans un an.

— Alors, je ne le comprends pas, répliqua Albano. Il ne tarda pas à comprendre, cependant.

Le même soir il fut invité chez la princesse pour y inspecter des dessins d'Herculanum venus avec la lettre de Dian. Elle s'approcha de lui avec cet air que prennent toujours les gens qui s'attendent à recevoir de grands remerciemens pour un service quelconque. Mais il resta muet. Étonnée de son silence, elle lui demanda s'il n'avait pas reçu de lettres d'Espagne. Elle oubliait que la poste n'est prompte et polie pour aucune maison comme pour celle des princes. Elle crut pouvoir prendre la place du temps qui dévoile tout à la longue, et elle apprit à Césara ce que contenait la lettre qu'il trouverait sur sa table en rentrant chez lui; à savoir, qu'elle se proposait de faire à la fin de l'automne un petit voyage d'artiste à Rome; que don Gaspard devait l'accompagner, ainsi qu'Albano, si le projet lui convenait. — C'est là tout le secret, dit-elle. Ce n'en était pourtant que la moitié, car elle ajouta bientôt qu'elle se proposait d'emmener avec elle le meilleur dessinateur qu'elle connût, autrement dit, Liane, dès qu'elle serait guérie.

Quelle douce clarté jaillit soudain dans le cœur de Césara! c'était un rayon de soleil à la fin d'un jour de pluie. Il laissa les dessins d'Herculanum enfouis sous les ruines, et courut au-devant de la lettre de son père, qui en écrivait si rarement.

La voici textuellement :

« Bien, cher Albano, mes affaires et ma
» santé sont maintenant en ordre, et je puis
» mettre à exécution le plan que j'ai conçu
» avec la princesse, d'un petit voyage d'artiste
» à Rome, cet automne ; je t'y invite, et j'irai
» te prendre en octobre. Le reste de la société
» ne te déplaira certainement pas, car elle
» n'est composée que de connaisseurs, tels
» que M. de Bouverot, M. le conseiller ès-arts
» Fraischdorfer, M. le bibliothécaire Schoppe,
» s'il veut. Malheureusement nous serons
» obligés de laisser M. Augusti derrière nous,
» à cause de son emploi de lecteur qui le re-
» tient à la cour. Ton maître Dian t'attend à
» Rome avec impatience. On m'a écrit que tu

» favorisais spécialement la nouvelle dame
» d'honneur de notre bonne princesse, Made-
» moiselle de Froulay, dont je me rappelle la
» perfection des dessins. Il t'intéressera peut-
» être de savoir que la princesse l'emmène
» avec elle : un voyage en Italie paraît être
» aussi nécessaire à sa santé qu'à la mienne.
» Au printemps, qui, d'ailleurs, est une mau-
» vaise saison pour voyager en Italie, tu re-
» tourneras en Allemagne pour y continuer
» tes études. Encore quelque chose en confi-
» dence, mon ami : on a raconté fort mal à
» propos à ma pupille, la comtesse de Ro-
» meiro, tes visions et tes apparitions; comme
» elle doit passer l'automne et l'hiver à Pes-
» titz, auprès de son amie, la princesse Ju-
» lienne, tu ne devras pas être surpris si elle
» t'évite; son orgueil personnel et féminin est
» offensé de l'usage qu'on a fait de son nom
» dans la fantasmagorie jouée devant toi, et
» elle se croit obligée de donner un démenti à
» la prophétie de ton jongleur. Dans le fait,
» si la plaisanterie était si sérieuse, on ne pour-
» rait peut-être pas trouver de meilleur moyen
» pour la faire réussir. Tu feras ce que l'hon-
» neur te commande, et, quoiqu'elle soit ma
» pupille, tu ne te rendras pas importun

» auprès d'elle. Tout cela reste entre nous.
» Adieu.   G. de C. »

Cette belle perspective, qui lui offrait d'un côté un long séjour auprès de son père, de l'autre l'espoir d'une guérison rapide pour Liane, due à l'air embaumé des bosquets d'orangers, quelques autres idées enfin, qu'il ne s'avouait pas à lui-même, tout cela était ce que sont tous les plaisirs des hommes : de belles promenades dans la cour d'une prison.

Il fut rappelé de cette belle promenade par la pensée de l'arrivée prochaine de Linda, qu'il redoutait pour Roquairol et pour Rabette; et cela avec d'autant plus de raison que Charles négligeait fort la jeune fille depuis quelque temps : elle lui écrivait souvent de longues lettres sous le couvert d'Albano, ce qui était le contraire d'autrefois; et lorsque celui-ci les donnait à Roquairol, il les mettait froidement dans sa poche sans les ouvrir, sans même dire un mot de la pauvre fille. Que sera-ce donc, pensait Césara, quand Linda de Romeiro sera ici !..

Tourmenté par cette pensée, il ne savait

pas s'il devait montrer à Charles la lettre qu'il avait reçue ; mais il recula devant la pensée de cacher quelque chose à son ami, et, aussitôt que Roquairol fut venu, il lui parla du voyage d'Italie, en lui proposant d'en faire partie; car lui reculait devant l'idée de se séparer de cet ami auquel il était attaché par des nœuds si puissans. Charles lui-même sembla effrayé de cette prochaine séparation. Albano lui donna la lettre.

Pendant que Roquairol la lisait, sa figure se contracta et devint haïssable, même aux yeux d'un ami. Il lança un coup d'œil furieux sur Césara, qui le lui rendit involontairement.

— Oh! oh! vraiment, s'écria-t-il tout à coup, je comprends tout.. cela devait finir ainsi; attends à demain... Jamais Albano n'avait vu les traits de Charles décomposés à ce point; il voulut le questionner, mais l'autre se borna à lui répéter : — A demain! à demain! et il s'enfuit précipitamment.

CYCLE LXXXVII.

Le lendemain Albano reçut une singulière lettre de Roquairol, qui, pour être comprise des lecteurs, demande quelques détails sur les relations de Charles et de Rabette.

A partir de l'aveu de son amour, il avait divisé son roman en plusieurs chapitres.

Le premier eut beaucoup de charmes pour lui : sa passion avait tout l'attrait de la nouveauté, et sa conquête, aussi naïve que tendre, ne se lassait pas de l'entendre rouler son torrent de rêveries, d'utopies, de sentimens faux recouverts d'un vernis de vérité. Elle était donc tout oreilles et lui tout lèvres; quand il cessait de parler, il embrassait, employant les baisers comme corollaires de ses argumens.

Il commença son second chapitre, et ce fut avec des larmes qu'il se proposa de l'écrire. Je crois que ces scènes lacrymales furent pour lui les plus douces de tout l'ouvrage. Il aimait à lui parler de sa sanglante aventure de la Redoute, de ce suicide tenté pour Linda, à laquelle pourtant il avait renoncé pour sa bonne Rabette. Souvent l'émotion qu'il avait excitée était telle qu'il lui devenait impossible d'arrêter les pleurs de la jeune fille; semblable en cela à l'élève du magicien dont parle Goethe, qui, ne connaissant qu'une formule d'évocation, parvint bien à forcer les balais à porter de l'eau, mais ne put jamais les contraindre à cesser d'en porter. Les naturels poétiques ne marchent point sans la compassion; ils ressemblent à la justice qui paie un chirurgien pour qu'il se tienne prêt à raccommoder les membres qu'elle brise par la torture, quelquefois même pour qu'il désigne les parties du corps qu'il est plus convenable de torturer... Pendant tout ce chapitre, Roquairol ne cessa pas d'avoir l'intention d'épouser Rabette.

Son troisième chapitre fut l'opposé du second : il chercha, pour jeter sans doute de la variété dans l'ouvrage, à faire rire sa maîtresse autant qu'elle avait pleuré. Il est à remarquer que les femmes en général rient très-facilement, et aiment de préférence les rieurs; par conséquent ce système augmenta l'amour de Rabette pour Charles; mais, par contre, il agit en sens inverse sur l'inventeur : le capitaine n'aimait pas les rieuses, lui.

Il trouva fort long le quatrième chapitre. Ce fut dans celui-ci qu'il s'aperçut pour la première fois que la pauvre Rabette écoutait plus qu'elle ne parlait, et que tout son bagage d'orateur était renfermé dans ces deux phrases : — Mon bon ami, ou mon cher cœur. Cette remarque une fois faite, il rendit plus rares ses visites; peut-être même eussent-elles cessé tout-à-fait si la villageoise avait été une citadine; mais la demi-lieue qui séparait Pestitz de Blumenbühl était un excitant qui empêchait l'amour de Roquairol de s'éteindre.

Le cinquième chapitre se passa en grande partie dans la vallée des Flûtes, un certain dimanche dont j'aime à croire que mes lecteurs se souviennent. Hélas! ce fut le dernier jour de bonheur pour notre autre couple! Là, Charles eut une preuve de son influence sur la jeune fille : il voulut qu'elle chantât pendant qu'il jouait de la flûte, et elle eut beau s'en défendre en protestant qu'elle ne savait pas chanter, ce qui était l'exacte vérité, il fallut qu'elle passât sous les fourches caudines, et qu'elle faussât pendant une heure pour obéir à l'impérieux Roquairol.

Le plus mauvais de tous les chapitres dont se compose son roman, est incontestablement le sixième, qu'il écrivit la nuit de l'illumination de Lilar. Dans les premières heures de cette soirée, il avait complétement négligé Rabette, et, beau paon, il s'était promené en faisant la roue devant les jeunes beautés haarhaaroises qui formaient la suite de la jeunesse. Ce papillonnage ne dura pas long-temps. Comme la sobriété est l'elixir fortifiant de la vie, le capitaine, de crainte d'être obligé d'en augmenter journellement la dose, avait pris le parti de ne jamais y avoir recours. Par suite, semblable à certaines porcelaines chinoises où les figures ne deviennent visibles que quand les vases sont pleins, lui, sentit tout à coup tout son amour pour Rabette se réveiller, et il crut n'être tendre que pour elle, lorsqu'il l'était pour tout le monde.

Il voulut l'arracher à cette foule qui l'obsédait ; mais elle se refusa obstinément à le suivre, pensant avec raison que, où l'œil cesse de voir, commence le soupçon. Malheureusement la pauvre aveugle de Senne se promenait dans l'endroit où le débat se vidait : Charles lui proposa de se mettre en tiers avec eux, elle y consentit, et les scrupules de Rabette furent levés. Peu à peu, de discours en discours, de rêverie en rêverie, le trio se trouva sur les confins du Tartare, où la nature était aveugle et muette.

Lorsqu'ils furent à l'entrée des catacombes, ils ne purent y pénétrer sur trois de front, et force fut à l'aveugle de rester en arrière. La bonne Rabette pensa qu'elle les suivait, et entra sans défiance avec Roquairol dans le souterrain : qu'avait-elle d'ailleurs à redouter parmi les morts? Mais l'aveugle était restée à la porte.

Ils s'assirent sur la pierre d'un tombeau, et c'était chose étrange que d'entendre le jeune homme tirer de la mort même, des armes contre Rabette. Ils occupaient cette même place où, dans la nuit de l'Ascension, s'était formée entre Albano et Roquairol cette union intime et mystérieuse qu'il devait être impossible au temps de détruire... Il tenait la sœur de son ami dans ses bras, et il l'y étreignait convulsivement. La flamme qui brillait dans ses yeux brûlait aussi ses lèvres... Il était tendre comme les cadavres le deviennent, selon l'opinion populaire, lorsque meurt un de ceux qui portent leur deuil... Il jetait des guirlandes de feu dans le cœur de Rabette, mais elle n'avait pas comme lui un torrent de paroles pour les éteindre, et elle ne pouvait que soupirer et embrasser, ce qui est d'autant moins un préservatif, que le silence monotone d'une femme a quelque chose qui ennuie, et que l'ennui mène loin... Les rires, les pleurs, les idées de mort et les railleries, l'amour et la débauche se donnèrent la main pour une danse diabolique... L'âme virginale d'une jeune fille est comme une rose épanouie, dès qu'une feuille en tombe, les autres la suivent de près... Le feu des baisers de Charles sécha et fit choir les premières, puis d'autres... En vain le bon génie de Rabette fait vibrer les cordes de la harpe des morts, en vain le ruisseau roule lugubrement ses flots sur des débris d'ossemens... En vain !.. l'ange noir, qui poursuit l'innocence et protége le crime, a déjà d'une main hardie saisi dans l'empirée l'étoile de l'amour pour la jeter aux régions infernales... Il creuse une mine sous le paradis de la jeune fille, jardin enchanté où, pendant quelques minutes encore, brillent de leur modeste éclat les fleurs pures de la vie, l'étincelle frappe la poudre... et il ne reste plus du jardin enchanté que des décombres et de la fumée.

Tous deux sortirent des catacombes plus tristes qu'ils n'y étaient entrés ; ils ne trouvèrent plus l'aveugle, et rejoignirent silencieusement la foule.

Pauvre séduite !... Je veux te conduire, toi et tes millions de semblables devant le trône d'un juge clément. Va, jeune fille, quand tu paraîtras devant lui, il ne te condamnera pas parce que, aveuglée par la poussière des fleurs de ton printemps, et étranglée dans les plis de ton voile de vierge, tu as été renversée par l'ouragan des passions. Il sait bien que, dans cette lutte inégale entre le sacrificateur et la victime, celle-ci n'a de force que pour aimer et l'autre que pour immoler, et que, dans ce moment suprême, tu aurais donné ta vie, aussi bien que ta vertu. Au sexe faible l'amour, l'entière abnégation de soi-même; au sexe fort la passion et l'égoïsme.

Le septième et dernier chapitre de ce brigandage, fut le plus court et le plus froid de tous. Trois jours après la scène que nous venons de retracer, il alla visiter la jeune femme; il fut tendre, mais raisonnable, sobre et réservé comme un mari. Il la trouva pâle, souffrante et pliant sous le poids d'une tristesse dont cependant elle lui cachait la moitié. Il craignit un moment pour sa santé, et ses visites furent fréquentes; mais lorsqu'il eut vu les roses succéder aux lis sur ses joues, il ne vint plus aussi souvent, et bientôt il finit par ne plus venir du tout. Une correspondance s'établit entre eux, et quelques rares épîtres de Roquairol, d'autant plus brûlantes qu'elles étaient moins sincères, venaient de temps à autre ranimer les mourantes espérances de Rabette. La flamme d'une lampe n'est jamais plus brillante qu'au moment où elle va s'éteindre.

CYCLE LXXXVIII.

Voici la lettre de Roquairol que reçut Albano.

« Le sort en est jeté, il faut que nous nous
» voyions tels que nous sommes, sauf à nous
» haïr après si c'est nécessaire. Je fais le mal-
» heur de ta sœur, tu fais celui de la mienne,
» et le mien par-dessus le marché, nous som-
» mes quittes. Tu étais mon ange, tu deviens
» mon démon; pousse-moi dans l'abîme, mais
» je t'y entraînerai avec moi.

» Regarde-moi, j'ai ôté mon masque; tu
» verras sur ma figure des convulsions ner-

» veuses semblables à celles qu'éprouvent les
» individus qui ont survécu au poison. Moi je
» me suis enivré de poison, je n'ai rien laissé
» au fond du bocal. Parlons franc : je ne me
» réjouis plus de rien, je ne crois plus à rien,
» je n'ai pas même la force de me désoler à mon
» aise. L'arbre de mon existence est creux, le
» feu de mon imagination en a brûlé l'aubier.
» Lorsque la colère, le ravissement, l'amour,
» ces trois vers qui se cramponnent à mon moi,
» se rongent et se dévorent l'un l'autre, je les
» regarde contemptueusement du haut de mon
» moi, puis je les hache en fragmens comme
» autant de polypes, et je les joins tous ensem-
» ble... Un jour je fus témoin d'une tempête
» sur mer : les vagues se haussaient, s'abais-
» saient, s'entre-choquaient, c'était un affreux
» désordre : eh bien ! le soleil était calme et con-
» templait majestueusement la scène. Qu'il en
» soit ainsi pour moi ! Le cœur est la tempête,
» le soleil c'est mon *moi !*

» Je suis ainsi, j'étais ainsi avant de te con-
» naître ; je te vis, et je voulus être toi ; c'est
» impossible, je ne peux pas reculer, il faut
» que tu avances, et que tu finisses par être
» moi... J'ai voulu aimer ta sœur ; qu'elle me
» le pardonne !...

» Oh ! pourquoi n'est-il aucune femme à
» laquelle on puisse dire avec plus de succès
» qu'à la mer, va jusque-là, mais pas plus loin;
» aime assez, n'aime pas trop? Il n'y en a point.
» Rabette était remplie de bonnes intentions;
» mais les rues de l'enfer en sont pavées. Y a-
» t-il quelqu'un qui ait compté les heures de
» purgatoire qu'on passe auprès d'un cœur
» avec lequel on ne sympathise pas, qui se
» remplit et qui ne remplit point, qui aime et
» dont on hait l'amour?..

» A moi plutôt le délire qu'on reçoit dans
» le temple de l'amour des mains des Eumé-
» nides ! A moi plutôt un amour sans espoir,
» qui dessèche et qui brûle !...

» Ecoute : Rabette est bonne, et j'ai suivi
» ses pas à cause de sa bonté. Mais elle ne me
» comprend pas ; et si elle me comprenait,
» elle serait la première à me pardonner....
» Oh ! je me suis mal conduit envers elle : fà-
» che-toi, mais écoute encore. Fleur fraîche
» et pure, jamais elle ne fut plus belle que le
» soir de l'illumination de Lilar, lorsqu'elle
» apparut au milieu des fleurs artificielles de
» la ville; c'était un bel enfant échappé de la
» coulisse, qui se montre inopinément sur la

» scène... Nous fûmes ensemble dans le Tar-
» tare : nous nous assîmes sur la même pierre
» où tu me juras de renoncer à Linda... Mes
» sens étaient agités par le vin, les siens l'é-
» taient par son cœur... Oh! pourquoi, dans
» ces heures solennelles où j'évoquais la magie
» des sons, l'éloquence de la parole, n'avait-
» elle, pauvre villageoise sans instruction,
» que des baisers pour me répondre?... Pour-
» quoi me forçait-elle de parler son langage ?
» Qui pourrait expliquer l'inflexibilité des
» mailles du filet dans lequel je me débattais?..
» J'étais, et pourtant je n'étais pas... J'avais
» la passion noble dans le cœur, et la passion
» vile dans la tête... La harpe des morts tres-
» saillait, je crois, sous le vent de mon haleine,
» le ruisseau des morts murmurait à mon
» oreille, et je ne l'entendais pas... Dompté,
» foulé aux pieds par une puissance invisible,
» je sentis un épais nuage qui s'étendait sur
» mes yeux, puis soudain, bravant la sainteté
» du lieu que je profanais, la destruction qui
» m'entourait de toutes parts, le ciel que j'al-
» lais revoir, et ton souvenir que chaque ob-
» jet me retraçait, je serrai les nœuds du fi-
» let que, d'abord, j'avais voulu briser, et la
» tombe engloutit la vertu de ta sœur.

» Je ne perdis rien, moi, car je n'ai pas de
» vertu : je ne gagnai rien non plus, car je
» déteste les plaisirs des sens.... et pourtant
» j'aperçus voltiger derrière moi une ombre
» noire que le vulgaire appelle le repentir.

» Ne condamne pas ta pauvre sœur : elle
» est plus malheureuse que moi, car elle était
» plus heureuse que moi... et son ame est restée
» pure... J'allai la voir depuis, je pris ma
» part de toutes ses douleurs; je me sentis
» capable de tout faire, de tout sacrifier pour
» elle, mais non de l'aimer. Faites mon père
» et toi ce que vous voudrez, je refuse une
» vie de chaume où, libre, on recueille trop
» peu pour espérer, esclave, d'y recueillir
» davantage. Je ne me marierai pas... Pour un
» fugitif moment d'ivresse j'ai déjà plus souf-
» fert qu'il ne vaut.

» Ce n'est point ce que j'ai lu hier chez toi,
» qui m'a inspiré cette résolution... Que Ra-
» bette t'en fasse compte... Ma franchise en-
» vers toi est un sacrifice volontaire que je fais,
» car, si j'avais voulu, mon secret serait resté
» entre deux personnes; mais je ne veux point
» être mal jugé par toi, précisément par toi
» qui, réfléchissant les autres sur ton miroir,

» es disposé à faire d'injustes comparaisons ;
» par toi qui, dans les jardins de Lilar, sacri-
» fiais intellectuellement ma sœur, comme
» j'ai sacrifié terrestrement la tienne .. Je ne
» te blâme pas, le destin fait de l'homme le
» vice-destin de la femme... Déjà tu ne me
» croyais pas trop bon, je suis tout ce que tu
» as deviné que j'étais, et même encore quel-
» que chose de plus : c'est précisément ce
» quelque chose de plus qui te manque..

» Oh ! comme ma vie fuit plus vite depuis
» que je sais qu'ELLE[1] vient !... Elle est mon
» premier, mon plus pur amour... Je jetai mes
» belles années de jeune homme à ses pieds
» comme des fleurs... Pour elle je sacrifierai
» tout, j'oserai tout et je ferai tout, quand
» elle sera ici. Bel ange, mon bon ou mon
» mauvais génie, tu as voltigé sur ma vie si
» chauve, si unie, tu disparais et tu reparais,
» tantôt ici, tantôt là-bas, sur mes montagnes,
» dans mes vallons, oh ! reste du moins assez
» long-temps pour que je puisse creuser ma
» fosse à tes pieds pendant que tu me regar-
» deras.

» Albano, je lis dans l'avenir, j'y vois le

[1] Linda de Romeiro.

» gigantesque filet qui se tend sur ta tête, et
» qui doit t'enserrer mortellement ; ton père,
» ainsi que d'autres, vous y poussent toi et
» elle, Dieu sait dans quelles vues! c'est dans
» ce but qu'ELLE vient, ton voyage n'est qu'un
» leurre. Ma pauvre sœur sera bientôt vain-
» cue, c'est-à-dire, tuée... Pour moi je remer-
» cie le ciel de pouvoir saisir une nouvelle
» passion, et sortir de cette vie de sueurs
» froides qui me pèse comme un cauchemar.
» Maintenant agis à mon égard comme bon te
» semblera ; battons-nous aujourd'hui ou de-
» main, je suis prêt. Je serai content si ton
» bras peut me donner le long sommeil... Oh!
» l'opium de la vie égaie d'abord, puis il
» alourdit et assoupit... ce n'est pas assez. Je
» consens à ne plus aimer si du moins je puis
» mourir. Je m'arrête : hais-moi ou aime-
» moi. Adieu!

« Ton ami ou ton ennemi. »

CYCLE LXXXIX.

— Sois donc mon ennemi!.. s'écria Albano en achevant cette lettre qui lui enlevait encore une illusion. Pour la première fois son cœur connut la haine. Cet horrible mélange de débauche spirituelle et corporelle, cette cuve de sales fermens de passions et d'écume de cœur, cette alliance hétérogène entre le besoin d'aimer et le besoin de tuer, tout cela parut à Césara plus hideux encore que cela ne l'était en effet. A côté de la blessure faite à son orgueil de famille par la séduction de Rabette, s'en ouvrait une non moins saignante, causée par l'infâme comparaison que Roquairol établissait entre la destruction de Liane et celle de sa sœur... Scélérat!... s'écria-t-il tout haut, en marchant à grands pas.

Le capitaine s'était grossièrement mépris sur l'effet que produirait sa lettre, impur fragment dérobé à don Juan; il pensait que ses révélations écrites auraient le même résultat que ses révélations orales d'autrefois, et que la franchise même de ses aveux lui ferait gagner sa cause auprès d'Albano. Il n'en fut point ainsi.

L'émotion empêchait Albano de tracer le peu de mots que devait contenir sa réponse : c'était une rupture qu'il voulait annoncer, et non un cartel. D'ailleurs à quoi bon faire hâte, il était bien sûr que Roquairol ne viendrait pas chercher cette réponse... Il vint pourtant; il pouvait supporter tout excepté l'incertitude. Quelle horrible apparition pour Albano!.. Il lui semblait voir surgir devant lui le fantôme de sa pauvre Rabette se débattant dans les bras du fantôme de son ami.

Les mots dont ils se saluèrent ne furent entendus ni de l'un ni de l'autre ; ils marchèrent silencieusement dans l'appartement, non point côte à côte, mais en sens inverse. Albano cherchait à se rendre maître de sa colère, afin de lui dire seulement : — Va-t'en, et laisse-moi t'oublier : il voulait épargner Liane dans son frère. Mais Roquairol se lassa le premier de ce silence, et le rompit ainsi :

— J'ai été franc, sois-le à ton tour, et réponds à ma lettre.

— J'étais ton ami, je ne le suis plus, dit Albano d'une voix étouffée.

— Je ne t'ai cependant rien fait à toi... répliqua le capitaine.

— Grand Dieu, ne me force pas de parler... ma pauvre sœur!.. Mon innocence au sujet de l'arrivée de la comtesse... ma pauvre sœur perdue et abandonnée! Ne me pousse pas à bout... va, je ne t'estime plus.

— Alors bats-toi, dit le capitaine, ému moitié par la colère et moitié par le vin.

— Non! repartit Albano avec fermeté, rien ne t'est sacré à toi, pas même une vie : Lui voulait parler de la vie de Liane, mais son adversaire le comprit autrement et lui répondit :

— Il faut pourtant que tu te battes; mais sois tranquille, je te ménagerai.

— Mort et enfer! s'écria l'autre, c'est d'une plus noble existence que je voulais parler. Calomniateur, je n'ai point traité ta sœur comme tu as traité la mienne... je ne l'ai pas vouée à l'opprobre, à l'abandon... je ne me battrai pas; c'est elle que je veux ménager, non pas toi, mais elle.

— Tu as peur!... dit en souriant ironiquement Roquairol, et en disant cela il décrocha deux épées appendues à la muraille.

— Je ne t'estime pas, et je ne me battrai pas, répondit Albano dont la colère grandissait de minute en minute.

— Il a peur!.. s'écria une troisième voix : c'était Schoppe. Césara lui raconta en peu de mots le sujet de la querelle.

— Il faut que vous vous battiez un peu devant moi, dit froidement le bibliothécaire, après avoir entendu le récit, toute sa vieille haine pour Roquairol se réveillant en lui. Albano, qui avait soif d'acier, saisit machinalement une épée. Le duel commença. Le jeune comte n'attaquait pas, mais se défendait avec sang-froid; cependant par degrés ce sang-froid fit place à la colère, puis à la rage. Il se représenta son ancien ami, déracinant avec la pointe d'un poignard chacune des joies de sa vie : ensuite, lorsque Roquairol fonçait sur lui comme dévoré du désir de verser son sang, il croyait voir sa pauvre sœur se débattant sous la dent de cette bête féroce... Tout à coup il aperçut sur le visage de son adversaire ce regard faux et farouche que, déjà une fois, il avait supporté, et la fureur s'emparant à son tour de lui, d'assailli il devint assaillant, et, d'un vigoureux coup de poignet, il fit sauter au loin la lame de Roquairol. Schoppe, qu'avaient irrité les ménagemens de son ami, et, par suite, l'inégalité du combat, l'esprit d'ailleurs tout préoccupé de l'affront fait à Rabette, cria à Césara :

— La sœur, Albano!..

Mais lui crut qu'il voulait parler de la sœur de Charles, et il jeta son épée sur celle de son adversaire.

— Albano! dit Roquairol dont la colère était passée, en tendant la main à son ancien ami.

— Vis heureux, mais va-t'en, avant que je cesse d'être innocent, répondit Césara dont les passions avaient atteint le plus haut degré d'exaltation.

— Au nom du diable, allez-vous-en! s'écria vivement Schoppe, la maladie va me gagner.

— Adjuré par un tel nom on sort volontiers, répondit Roquairol froidement, et comme écrasé par l'ascendant que le bibliothécaire avait toujours eu sur lui.

Lorsqu'il fut parti, Schoppe se hâta de faire valoir la justesse des prévisions qu'il avait eues autrefois relativement au capitaine. Il parla beaucoup, selon son habitude, et ne ménagea pas l'absent. Il crut qu'Albano allait faire chorus avec lui; mais le bon jeune homme était trop profondément ému; il ne put que se jeter au cou de cet ami qui lui avait toujours été fidèle. Oh! c'est un jour bien triste que celui des funérailles de l'amitié! Comme on est isolé dans cet univers, lorsqu'après avoir vécu à deux, on est forcé de vivre seul!...

Albano avait d'abord résolu d'aller ce jour

même à Blumenbühl pour apprendre à sa pauvre sœur toute la vérité; mais il ne se sentit pas assez fort pour lutter contre des larmes que personne ne pouvait essuyer.

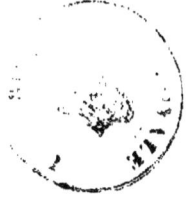

FIN DU SECOND VOLUME.

www.ingramcontent.com/pod-product-compliance
Lightning Source LLC
Chambersburg PA
CBHW060459170426
43199CB00011B/1266